VIVER
COMO
UMA
CAMPEÃ

KYRA GRACIE

VIVER COMO UMA **CAMPEÃ**

Copyright © Kyra Gracie, 2024

Direitos de edição da obra em língua portuguesa no Brasil adquiridos pela Agir, selo da Editora Nova Fronteira Participações S.A. Todos os direitos reservados. Nenhuma parte desta obra pode ser apropriada e estocada em sistema de banco de dados ou processo similar, em qualquer forma ou meio, seja eletrônico, de fotocópia, gravação etc., sem a permissão do detentor do copirraite.

Editora Nova Fronteira Participações S.A.
Av. Rio Branco, 115 — Salas 1201 a 1205 — Centro — 20040-004
Rio de Janeiro — RJ — Brasil
Tel.: (21) 3882-8200

Dados Internacionais de Catalogação na Publicação (CIP)

G731v   Gracie, Kyra
   Viver como uma campeã/ Kyra Gracie. – Rio de Janeiro: Agir, 2024.
   192 p.; 15,5 x 23 cm.

   ISBN: 978-65-5837-177-9

   1. Esportes – artes marciais. I. Título.

   CDD: 796
   CDU: 796.8

André Felipe de Moraes Queiroz – Bibliotecário – CRB-4/2242

Conheça outros livros da editora:

SUMÁRIO

Prefácio 9

Capítulo 1 — **A formação da campeã** 43

Capítulo 2 — **Sonhos e ferramentas** 75

Capítulo 3 — **Mentalidade faixa-branca** 97

Capítulo 4 — **O amor é uma decisão** 123

Capítulo 5 — **Despertando campeãs** 143

Vamos começar com as histórias de algumas mulheres singulares que o machismo e a misoginia tentaram apagar.

PREFÁCIO

A história (quase) invisível das mulheres samurais

Jingu Kogo tornou-se a imperatriz do Japão no final do século II.

Assumir a soberania de seu país não foi tarefa fácil: após a morte de seu marido, o trono estava naturalmente destinado ao filho de ambos. Mas, como o príncipe ainda era uma criança, Jingu determinou, contra a vontade expressa de todas as autoridades, que ela mesma tomaria o poder em suas mãos até que seu herdeiro alcançasse a maturidade.

Imediatamente Jingu precisou provar — tanto ao povo japonês quanto, sobretudo, aos altos funcionários governamentais — que possuía as características excepcionais que a tornavam digna de ser uma chefe de Estado. Declarou guerra à Coreia, e em menos de três anos a Coreia foi inteiramente conquistada. Mais: ela mesma esteve à frente de seu exército no campo de batalha, revelando-se uma estrategista implacável e uma guerreira selvagemente habilidosa.

No período de seu reinado, pelas inúmeras conquistas na melhoria da qualidade de vida do povo e pela edificação de uma nação percebida com temor por todos os países vizinhos, um matriarcado chegou a ser cogitado: a ideia de que, a partir de seu governo o Japão passaria a ser gerido por mulheres, gradativamente ganhou força entre a população e os sábios locais.

Entretanto, com a chegada do filho à maturidade, a tradição e o conservadorismo falaram mais alto, e impuseram seu injusto decreto: Jingu foi substituída no comando do Império pelo rapaz e sua história, repleta de feitos tanto extraordinários quanto incomparáveis até então, foi deliberadamente apagada dos registros oficiais, a ponto de seu reinado tornar-se praticamente invisível aos olhos dos historiadores modernos.

*Para mim só existem
duas opções — ou você
engole o mundo ou o mundo
engole você.*

Kyra Gracie

Durante o período dos samurais no Japão, do século XII ao século XIX, inúmeras mulheres participaram ativa e decisivamente dos combates entre poderosos clãs. Prova disso é o fato de que, em recentes escavações realizadas em antigos campos de batalha, os arqueólogos constataram que o DNA de cerca de 35% dos corpos era feminino.

A identidade da grande maioria dessas nobres mulheres permanece desconhecida, mas uma delas tornou-se notória graças ao *Conto de Heike*, registro histórico em forma de narrativa épica (semelhante em grandeza à *Ilíada* grega) sobre a luta entre famílias pelo controle do Japão. Seu nome é Tomoe Gozen, e o clássico japonês se refere a ela como: *"... uma guerreira com o valor de mil homens, pronta para confrontar deuses e demônios; (...) e conquistava mais atos de valor do que qualquer outro samurai."*

As mulheres do Japão feudal eram comumente treinadas em Artes Marciais, adquirindo conhecimentos básicos de autodefesa, visando proteger a si mesmas, aos seus filhos e às suas casas dos constantes ataques de invasores. Essas mulheres eram chamadas de Onna Mushas, isto é: guerreiras defensivas. Mas havia também outra classe de lutadoras, mais rara, porém definitivamente presente: as Onna Bugeishas, guerreiras de ataque, efetivamente mulheres samurais que combatiam na linha de frente ofensiva ao lado dos homens — e muitas vezes liderando-os.

Tomoe Gozen nasceu em uma família de célebres samurais. Desde muito jovem demonstrou um talento diabólico para a luta, tanto com espada quanto com arco e flecha, lança e corpo a corpo — talento esse que se irmanava a uma coragem e uma determinação inquebráveis. Uma lutadora completa, nascida para a guerra. Apenas dois anos após iniciar a carreira como Onna Bugeisha do clã Minamoto, Tomoe foi nomeada primeira-capitã, passando a liderar exércitos com centenas — e até milhares — de guerreiros.

Os mestres do período afirmam que Tomoe Gozen foi a primeira mulher a assumir o posto de general no Japão.

Participou e venceu inúmeras batalhas grandiosas, que alteraram os rumos da história nipônica. Escapou de cercos nos quais a fuga parecia impossível, nunca tendo sido capturada; e matou com suas próprias mãos diversos comandantes samurais, sempre pronta a testar-se em confrontos individuais. Em certa ocasião, liderou trezentos homens contra um exército oponente composto por mais de dois mil guerreiros. Mas sua disputa inigualavelmente lendária ocorreu quando foi desafiada, durante um conflito de proporções apocalípticas, pelo maior samurai do clã Musashi.

"TOMOE!" — foi o grito que cortou o campo de batalha em Awazu, no ano de 1184. Quem chamava seu nome, entre fúria e rancoroso desdém, era o líder do exército inimigo. Ela não hesitou: atravessou a linha adversária com seu

五十二　畠山重忠義仲の妾巴御前を追ふそ大ふ軍を挑む

cavalo em disparada até encontrar-se frente a frente com o temido Honda Moroshige.

Ambos os exércitos pararam subitamente de digladiar-se e se puseram a assistir à luta entre seus líderes, tomados de espanto e fascínio. A nova ordem de forças políticas que iria reger o futuro imediato do Japão feudal seria decidida em um duelo franco entre aqueles indivíduos — a honra e a glória dos dois clãs mais poderosos dependiam exclusivamente da habilidade de um único homem e de uma única mulher.

Honda confiava em sua força bruta. Tomoe agia com base no princípio fundamental do Jiu-Jitsu: a força do oponente deve ser usada contra ele mesmo. Ceder para conquistar. E, após uma luta na qual a miríade de habilidades aperfeiçoadas obsessivamente por Tomoe pôde ser exposta aos olhos de centenas de samurais, testemunhas privilegiadas daquela exibição de maestria, no equilíbrio delicado e brutal entre vida e morte, Tomoe submeteu Honda.

E cortou-lhe a cabeça.

Ter decapitado o líder do clã Musashi (e apresentado o crânio como um troféu ao seu clã Minamoto) fez de Tomoe Gozen uma lenda viva — admirada, na época, tanto por aliados quanto por inimigos.

Esta é a grande mensagem que o Jiu-Jitsu transmite a uma praticante: se você pode enfrentar um adversário maior e mais forte, então todas as crises (profissionais, afetivas...) que você atravessar em sua vida também podem ser superadas.

Kyra Gracie

Mas, para uma mulher que vive em um mundo dominado por homens, uma vida repleta de realizações e façanhas tem um preço cruel, e o mérito pode facilmente transformar-se em ônus: com o passar dos séculos, a tentativa de apagar o nome de Tomoe Gozen tem sido frequente. E diante da impossibilidade de fazê-lo, por conta de sua penetração na cultura popular de transmissão oral, diversos historiadores recorreram à estratégia covarde de afirmar que Tomoe nunca passou de uma personagem ficcional, uma história inventada, um mito desprovido de verdade.

Nakano Takeko, nascida no Japão em 1827 em uma família de guerreiros, treinava Artes Marciais desde os seis anos de idade. Sua dedicação disciplinada e habilidade inata fizeram com que dominasse a arte da espada quando ainda era apenas uma criança.

Ao tornar-se adolescente, Nakano espontaneamente principiou a auxiliar outros aprendizes em questões técnicas de combate. Revelando-se uma excelente instrutora, começou a dar aulas a pedido de seus colegas, estabelecendo-se naturalmente como uma requisitada professora.

Os anos se passaram e Nakano, agora uma mulher, viu-se forçada por seu mestre a casar-se com um dos parentes dele. Mas aquela não era a sua escolha: para manter-se fiel a si mesma, abandonou o mestre e juntou-se ao exército do clã Aizu.

Naquele momento o Japão mergulhava novamente em uma guerra, travada entre o clã ao qual Nakano juntara-se e aqueles que desejavam devolver o poder político à corte imperial.

Na batalha de Aizu, Nakano liderou um grupo composto exclusivamente por mulheres, chamado *Unidade Joshigun*. Sua irmã mais nova, Masako, também fazia parte desse grupo, inspirada por Nakano e atuando bravamente ao seu lado.

O pequeno grupo de mulheres samurais partiu para enfrentar centenas de homens do exército imperial, munidas apenas de espadas, coragem e um sentido de honra inegociável. Seus adversários, por outro lado, além de estarem em número muito maior, empunhavam modernos rifles carregados de inesgotável munição.

Antes de entrar no campo de batalha, Nakano Takeko escreveu um poema e o enrolou na haste de sua espada.

Sem medo dos tiros que ecoavam ao seu redor, Nakano derrotou seis guerreiros imperiais em confronto direto, até que o exército inimigo percebeu que estava enfrentando uma unidade composta por mulheres. Então o comandante deu a ordem para que elas fossem capturadas vivas, visando à realização de estupros e à utilização permanente das mulheres como escravas domésticas.

Percebendo que a derrota era iminente, Nakano tomou sua última decisão: a morte por suicídio, por meio do Seppuku.

O Seppuku, vulgarmente conhecido no Ocidente por Haraquiri, é o ritual suicida japonês reservado à classe guerreira, em que ocorre a morte por esventramento: consistia num corte horizontal no abdômen, abaixo do umbigo, realizado com uma espada ou punhal, partindo do lado esquerdo e cortando até o lado direito, deixando as vísceras expostas. Tratava-se de um suicídio extremamente doloroso, que demonstrava coragem, autocontrole e determinação.

Esse ritual estava determinado no Bushidô, código de conduta dos samurais, e tinha como objetivo manter a honra de um guerreiro evitando sua captura, ou como forma de pena de morte por um crime ou outro motivo que os envergonhasse.

Mas cometer suicídio em batalha era uma prerrogativa destinada exclusivamente aos homens.

Nakano *conspurcou* essa prerrogativa masculina. Não iria ser capturada, violentada e escravizada — macular sua dignidade era algo inconcebível em seu nobre coração. Voltou-se para sua irmã Masako e fez a ela o trágico pedido: após se matar, Masako deveria cortar sua cabeça e a levar de volta ao Templo frequentado por sua família, para que não servisse como troféu de guerra aos inimigos. Imersa em lágrimas e em uma dor indizível, a irmã concordou em realizar seu último desejo.

E assim foi feito.

O poema de Nakano Takeko, que ela manteve amarrado em sua espada durante toda a batalha final e que foi conservado por sua irmã após sua morte, demonstra a humildade inerente a uma das mais honradas guerreiras que já caminharam por este mundo:

"Eu não ousaria

Me incluir entre os guerreiros famosos que aqui lutaram

Mas me permita afirmar que compartilho com eles

O mesmo coração indomável."

*Uma mulher que conquistou
a autoconfiança necessária para
colocar-se neste mundo
de homens sendo quem ela é;
que aprendeu a dizer "sim"
e a dizer "não", segundo sua
própria vontade;
que tomou as rédeas do
destino em suas mãos;
essa mulher é uma campeã.
Chegou ao topo do pódio
da emancipação.
Conquistou a medalha de ouro
da autonomia.*

Kyra Gracie

> *"A importância de Edith Garrud reside na utilização do potencial político das habilidades do Jiu-Jitsu. Ela fez do Jiu-Jitsu uma performance política radical, que rompia as expectativas de gênero e o ideal masculino sobre o qual se baseava o discurso nacional europeu. Garrud ajudou a modificar as identidades culturais das mulheres, ao mesmo tempo em que ressignificava as Artes Marciais em termos de propósito social e de gênero, classe e cidadania. Nesta época de busca de autonomia pessoal e política, o uso das Artes Marciais por Garrud refletiu e ajudou a contribuir para uma profunda mudança social."*
> Diana Looser

Edith Garrud foi uma artista marcial nascida na Inglaterra em 1872. Foi a primeira professora britânica de Jiu-Jitsu, assim como a primeira instrutora de Artes Marciais do ocidente.

Começou sua trajetória como professora de educação física para meninas. Conheceu seu marido William quando tornou-se sua aluna nas aulas de boxe ministradas por ele. Casaram-se em 1893 e fixaram-se em Londres, onde tiveram dois filhos.

Em 1899, o casal foi ao teatro assistir a uma exibição de Artes Marciais, sem saber que aquela noite mudaria suas vidas. Na apresentação conheceram o mestre de Jiu-Jitsu Sadakazu Uyenishi, trazido do Japão por Edward

Barton-Wright, um inglês promotor de Artes Marciais que havia criado a primeira academia a utilizar técnicas japonesas de autodefesa na Europa.

Edith se encantou com a apresentação do mestre Uyenishi: sendo uma mulher de pequena estatura, percebeu imediatamente que o Jiu-Jitsu era a forma de luta mais inteligente já criada. Por meio de alavancas, chaves e imobilizações, permitia a uma pessoa desprovida de força física defender-se e submeter agressores maiores e mais fortes.

No dia seguinte, ela procurou o mestre japonês e começou a estudar com ele, permanecendo como sua aluna até 1908. Uyenishi decidiu então retornar ao Japão, e Edith e seu marido abriram sua própria academia, a The School of Jiu-Jitsu em Argyle Place. Ela treinava mulheres e crianças, enquanto seu marido ensinava aos homens.

Em 1906 Edith conheceu o movimento sufragista, que reivindicava direitos políticos para as mulheres — haja vista que, até então, as mulheres na Europa não podiam votar nem candidatar-se a cargos políticos.

Na sequência ela ingressou na *Women's Freedom League* (WFL) e passou a participar de manifestações públicas, defendendo o sufrágio feminino.

Essas manifestações eram coibidas pela polícia de Londres, que costumeiramente espancava as manifestantes, arrastando-as para a prisão. As mulheres também eram comumente agredidas por homens contrários à sua emancipação política.

Testemunhando tanta violência, Edith decidiu que começaria a ensinar Jiu-Jitsu para as suas companheiras sufragistas. E sua ação mudou a história política em âmbito mundial.

Primeiro ela criou um grupo de guarda-costas, formado por trinta mulheres cuja missão era proteger a líder do movimento União Social e Política das Mulheres (WSPU), Emmeline Pankhurst. Esse grupo ficou conhecido como As amazonas. Salvaram Emmeline da prisão incontáveis vezes, arremessando, anulando e imobilizando os policiais que as atacavam.

Essa série de combates corpo a corpo foi noticiada com alarde nos jornais da época, na maioria das vezes com discursos zombeteiros que visavam manipular a opinião pública contra as sufragistas, principalmente durante a chamada *Batalha de Glasgow*, em 9 de março de 1914.

Sucediam-se manchetes de capa com Edith e suas lutadoras, apelidadas de *sufrajitsus* (mistura das palavras "sufragistas" e "Jiu-Jitsu"). Mesmo que a intenção dos jornalistas fosse defenestrá-la, a fama de Edith aumentava dia a dia, e para isso colaboravam as exibições que fazia em grandes teatros, nas quais seu marido vestia-se de policial e encenava ataques a ela. Na parte final dessas exibições, Edith desafiava os homens presentes a subirem ao palco e atacá-la — ela sempre terminava esquivando-se e submetendo os agressores,

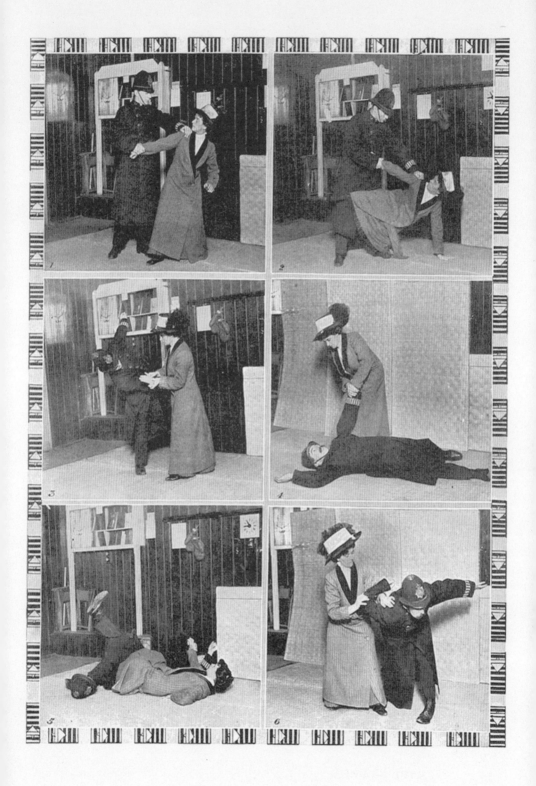

incluindo policiais disfarçados que vinham às apresentações para tentar ridicularizá-la publicamente.

A incansável resistência das sufragistas inglesas à violência de policiais e grupos machistas, pela utilização das sofisticadas ferramentas do Jiu-Jitsu ensinadas por Edith Garrud, finalmente encontrou êxito em 1918, quando as mulheres com mais de trinta anos conquistaram o direito ao voto. O sufrágio universal veio uma década depois, espalhando-se pela maioria dos países do mundo.

E foi assim que o Jiu-Jitsu mudou a história através de uma mulher.

> *"Edith Garrud apresentou às mulheres novas ideias sobre as possibilidades de seu gênero e minou noções preconceituosas de sua vulnerabilidade, contribuindo para que as Artes Marciais se tornassem parte da cultura da época, com um significado duradouro."*
> *Mike Callan, Conor Heffernan e Amanda Spenn*

Edith também criou peças de teatro, que ensaiava no tatame de sua academia, mostrando como mulheres poderiam se defender de maridos abusivos, como no espetáculo *O que toda mulher precisa saber*, que retratava a contínua violência que um marido bêbado cometia contra sua esposa, e a reviravolta pelo aprendizado do Jiu-Jitsu.

> *"A ideia de que tal formação poderia capacitar as mulheres para se defenderem contra a violência doméstica, a forma mais pessoal e mais comum de opressão, representava a esperança das mulheres no desmantelamento da estrutura de poder patriarcal."*
> Wendy Rouse

Em 1910, em um texto publicado no jornal das sufragistas, Edith descreveu sua visão acerca do empoderamento feminino obtido por meio das Artes Marciais:

> *"A bela arte japonesa do Jiu-Jitsu provou ser mais do que páreo para a mera força bruta e é, portanto, não apenas uma realização positiva para a mente e o corpo, mas uma salvaguarda necessária para a mulher que tem de se defender ao longo da vida...*
> *"Enquanto lutamos pela evolução, que está lentamente ocorrendo visando trazer a igualdade entre os direitos de homens e mulheres, podemos muito bem aproveitar e usar o Jiu-Jitsu para nos defender da brutalidade e da ignorância que ainda vigoram."*
> Edith Garrud
> "O mundo em que vivemos: autodefesa e votos para as mulheres"

Ela faleceu em 1971, aos 99 anos.

*A defesa pessoal deveria ser
um conhecimento obrigatório
para todas as mulheres. Não só
pela capacidade que elas adquirem
de evitar situações de risco e
se defender de agressores, mas
principalmente pela autoconfiança
que esse conhecimento produz.
A autoconfiança de uma praticante
de Jiu-Jitsu se reflete em todas as
áreas da vida da mulher, porque ela
perde o medo de ser quem ela é
e de viver a vida que sonhou.*

KYRA GRACIE

Os feitos de grandes mulheres guerreiras e suas trajetórias heroicas foram obscurecidos pelo sexismo que ainda impera na sociedade, fato que se repete em quase todas as culturas.

A tendência da maioria dos homens de desmerecer — e até anular — a presença e as ações decisivas das mulheres ao longo dos tempos é uma constante lamentável, sintoma da estúpida *disputa de poder* que o machismo ancestral da espécie humana cultiva.

São incontáveis as histórias de mulheres que foram apagadas em todos os campos de atividade: ciência, artes plásticas, filosofia, empreendedorismo, literatura... Mulheres que, pelo simples fato de serem quem eram, tiveram suas trajetórias obliteradas e foram impedidas, pelo meio social em que viviam, de exercer plenamente suas vocações e seus talentos.

Mais do que essas inúmeras mulheres covardemente tolhidas, quem realmente perdeu com isso foi a própria humanidade.

Este livro tem como um dos objetivos fazer justiça à contribuição feminina no campo específico das Artes Marciais (note-se que, por razões óbvias, provavelmente esse é o campo de ação mais dominado pelos homens e no qual a presença das mulheres é mais profundamente negada).

É sempre importante lembrar que o presidente Getúlio Vargas lançou um decreto em 1941 que determinou que as mulheres não poderiam competir em uma série de esportes. O artigo 54 do Decreto-Lei 3.199 alegava que havia incompatibilidade da *natureza feminina* com algumas modalidades, proibindo, assim, a sua prática pelas mulheres. Entre esses esportes estava o futebol.

Em 2 de agosto de 1965, durante a ditadura militar, a Deliberação n.º 7 do Conselho Nacional de Desportos delimitou com clareza a segregação das mulheres: *"Não é permitida à mulher a prática de lutas de qualquer natureza, do futebol, futebol de salão, futebol de praia, polo aquático, polo, rugby, halterofilismo e beisebol."*

Essa lei absurda só foi revogada em 1979.

Mas durante o período de proibição houve algumas heroínas que não se conformaram: no Campeonato Sul-Americano de Judô em Montevidéu, no Uruguai, quatro atletas cortaram os cabelos e assumiram nomes masculinos para poderem competir.

Patrícia Maria de Carvalho e Silva, Ana Maria de Carvalho e Silva, Cristina Maria de Carvalho e Silva e Kasue Ueda obtiveram suas passagens aéreas, sua hospedagem e sua alimentação utilizando falsas identidades masculinas. Graças aos pontos obtidos por elas no Sul-Americano, o Brasil conquistou o Título de Campeão — e esse fato contribuiu decisivamente para que o Conselho Nacional de Desportos revogasse o decreto de 1941 e a deliberação de 1965.

A história de Kyra Gracie se coloca como uma das melhores traduções contemporâneas desse mesmo heroísmo inconformista, assim como da luta obstinada de uma mulher para tornar-se dona de seu próprio destino, enfrentando imensas resistências e obstáculos.

Não vamos permitir que esta história seja apagada.

Isto posto, não se trata de um livro apenas sobre Artes Marciais. Trata-se, sim, de uma obra que usa o exemplo das Artes Marciais para catapultar reflexões e traçar analogias, que irão servir como ferramentas poderosas no sentido de provocar mudanças positivas em todas as áreas da vida de uma mulher.

Eis o que este livro, essencialmente, almeja: inspirar as leitoras por meio das histórias e dos ensinamentos que povoam estas páginas.

Um aviso importante: não se vai encontrar aqui uma biografia tradicional — Kyra é jovem demais e ainda tem muito a fazer e a conquistar, o que impossibilita uma biografia definitiva neste momento. As histórias de luta, amor, superação e empoderamento que serão apresentadas não seguem uma ordem cronológica tradicional, e podem ser lidas livremente, sem necessidade de começar pelo início e seguir em linha reta até o final. Todas as narrativas, que retratam momentos-chave na vida de Kyra (oito vezes campeã mundial de Jiu-Jitsu, apresentadora de TV, empresária de sucesso, professora de incontáveis atletas, mãe de três filhos...), acompanham reflexões que ambicionam contribuir ricamente para o processo de autoconhecimento de cada leitora.

Trata-se da apresentação de ferramentas que vão mudar sua vida. Você vai pensar e agir como uma campeã. E vai perceber o quanto vale a pena se fortalecer internamente.

Porque Kyra sempre teve a firme convicção de que toda mulher traz uma campeã dentro de si. Casada ou solteira, faça ela o que fizer, em seja qual for a arena: de kimono ou de uniforme; no tatame ou no escritório; à frente de uma empresa ou conduzindo a vida de sua família; tendo aulas ou educando os filhos...

Às vezes essa campeã interior encontra-se adormecida — posta em letargia pela insensibilidade do mundo e de um meio social que muitas vezes insiste em afirmar que mulheres não têm vez.

Nosso desejo mais sincero é que este livro funcione como um despertar. Um definitivo despertar da campeã que existe em você.

CRONOLOGIA DOS PRINCIPAIS TÍTULOS CONQUISTADOS

- 5 Campeonatos Mundiais (2004, 2006, dois títulos em 2008 e 2010).

- 3 Campeonatos ADCC - ABU DHABI COMBAT CLUB/ WORLD CHAMPIONSHIP (2005, 2007 e 2011).

- 5 Campeonatos Pan-Americanos (2001, 2002, 2003, 2005 e 2007).

- 6 Campeonatos Brasileiros (1998, 1999, 2000, 2001, 2005 e 2008).

- 6 Campeonatos Estaduais (1998, 1999, 2000, 2001, 2002 e 2002).

- 1 Campeonato Asiático (2006).

Em 2005, sagrou-se a mulher mais jovem da história a vencer o ADCC, o maior campeonato de *submission fight* do mundo.

Em 2008 e 2011, Kyra Gracie foi eleita Atleta do Ano pelos principais especialistas internacionais de *Grappling* e Jiu-Jitsu.

Foi a primeira e única mulher a unificar os dois halls da fama mais cobiçados do esporte: da IBJJF (International Brazilian Jiu-Jitsu Federation) e do ADCC.

"O que é uma mulher?
Eu lhes asseguro: não sei.
Não acredito que vocês saibam.
Não acredito que alguém possa
saber, até que tenhamos
nos expressado em todas
as artes e profissões abertas
à habilidade humana."

Virginia Woolf, escritora inglesa

CAPÍTULO 1

A formação da campeã

Nasci no Rio de Janeiro, no dia 29 de maio de 1985, na família de lutadores mais famosa, respeitada e temida do mundo.

Saí da maternidade direto para uma casa onde moravam dezenas de pessoas: meus tios (que depois se tornariam alguns dos maiores lutadores e mestres de Jiu-Jitsu de nosso tempo), minha mãe, minha avó, a irmã da minha avó, que tinha mais oito filhos, além de muita gente que dormia em todos os cantos — amigos e estudantes de Artes Marciais que não tinham onde morar e que meus tios, então adolescentes, deixavam viver com a nossa família por dias, meses e, em alguns casos, por anos...

Todos eram homens: um entra e sai de rostos conhecidos e desconhecidos. Havia tanta testosterona naquela casa na Barra da Tijuca que as brigas eram tão comuns quanto os momentos de confraternização. Sempre havia alguém treinando, alguém discutindo, corpos se atracando, forças sendo medidas, lutadores testando suas habilidades, tudo eclodindo ao mesmo tempo em uma intensidade parecida com a que devia haver nos alojamentos dos gladiadores romanos.

Minhas lembranças de infância são povoadas de imagens contraditórias: por um lado, jovens se provocando e lutando; e, por outro, grupos rindo e brincando.

Companheirismo e rivalidade; faíscas, explosões e cumplicidade. Não havia calmaria, a eletricidade no ar era cortante.

Enquanto crescia, eu era levada para os campeonatos de Jiu-Jitsu e assistia às lutas por horas, em grandes arenas ou em modestos tatames. Desde muito cedo fui totalmente inserida nesse ambiente — o que inclui, além das lutas em competições oficiais, as brigas de rua. Alguém entrava correndo em casa e anunciava que um sujeito tinha feito uma provocação. Meus tios definiam qual deles iria responder e todos saíam, a pé ou de carro, para tirar satisfações. "Vai ter uma briga!" ou "Alguém desafiou os Gracie!" eram frases ouvidas por mim quase diariamente. E eu, ainda uma criança, testemunhava eventualmente os confrontos.

Naquela época, década de 1990, nos noticiários da TV pipocava a questão dos *pitboys*: lutadores arruaceiros. Foi uma década complicada pro Jiu-Jitsu no Brasil — o esporte era muito malfalado, todas as mídias defenestravam o Jiu-Jitsu, os jornais não publicavam uma linha positiva e sucediam-se episódios de violência envolvendo lutadores em baladas cariocas.

Havia muitas coisas boas no nosso esporte, como por exemplo o fato de que o Jiu-Jitsu desenvolvido pelos meus bisavôs Carlos e Hélio Gracie (conhecido internacionalmente como *Brazilian Jiu-Jitsu*) estava se espalhando pelo mundo e se impondo como a Arte Marcial mais efetiva e poderosa, por meio de excelentes profissionais que estavam abrindo academias em diversos países e de lutadores da família que se tornaram ídolos ao vencerem grandes campeonatos como o UFC e o Pride (no Japão), entre outros, levando o nome do Brasil; mas nada de bom era divulgado, a tônica midiática era massivamente negativa.

Nasci neste ambiente: uma família de guerreiros, vivendo numa casa que era, ao mesmo tempo, uma arena de combate. A mesa de jantar era uma extensão natural do tatame.

Lembro que, durante a minha infância, eu achava que o Jiu-Jitsu era uma atividade exclusivamente masculina — até porque nunca tinha visto nenhuma das mulheres da minha família treinando. Elas até vestiam o kimono para tirar fotos, mas era só isso: na hora do treino, elas ficavam de lado apenas assistindo. Não havia, entre os Gracie, referência alguma de uma mulher que seguiu adiante com o Jiu-Jitsu, que praticou durante muito tempo e, muito menos, que se tornou uma faixa preta e lutadora profissional.

Obviamente, eu pensava que comigo não ia ser diferente. Não me via como uma lutadora durante a minha primeira infância. Até os oito anos recordo que sentia mesmo um pouco de receio com o Jiu-Jitsu, uma espécie de temor reverente...

Tudo mudou quando minha mãe, Flávia Gracie, resolveu praticar. Quando ela decidiu frequentar a academia de forma disciplinada e constante, aquilo tudo mudou na minha cabeça. Eu pensei: "Que incrível! Minha mãe pode lutar. Então eu também posso!"

A partir daí comecei realmente a praticar e a treinar algumas vezes por semana e, percebendo meu interesse e minha dedicação, meu avô Robson Gracie me inscreveu em minha primeira competição.

Eu tinha 11 anos.

Foi uma virada de chave: ver minha mãe no tatame e perceber que poderia haver mulheres ali também... Porque até aquele momento, embora eu estivesse inserida naquele ambiente — eu ia nos campeonatos, ia para a academia —, ficava apenas assistindo a meus tios e primos lutando. Eles nem pensavam em convidar uma mulher para treinar. Eu não era incentivada minimamente nesse sentido.

Mas, graças à coragem da minha mãe de se impor àquele ambiente masculino, eu recebi o impulso necessário para começar. Na mente de uma menina, o maior estímulo é, definitivamente, ter um exemplo.

Naquela época, como mencionei, o Jiu-Jitsu estava muito malfalado aqui no Brasil, e era dificílimo ganhar dinheiro como lutador profissional. Muitos praticantes talentosos, vencedores de campeonatos, incluindo diversos membros da família Gracie, estavam indo embora do país, buscando uma vida melhor no exterior: Estados Unidos, Europa, Ásia... E havia também um propósito maior nesse movimento migratório: estudando a história do Jiu-Jitsu e da minha família, compreendi que meu bisavô Carlos sempre teve, desde o início, a visão de espalhar o Jiu-Jitsu pelo mundo. Esta foi a razão dele ter tido muitos filhos: sabia que seriam necessários muitos Gracie para que o Jiu-Jitsu desenvolvido por ele se propagasse mundo afora.

A ambição do meu bisavô começou a se concretizar no final da década de 1980 e se tornou uma realidade incontornável na década de 1990, com os lutadores indo para várias partes do mundo difundir o Jiu-Jitsu.

Vi tios, primos e agregados mudando de país, um após o outro.

Eu fiquei no Brasil e comecei a competir.

E gostei de competir.

Amei competir!

O que eu mais gostava era a sensação da vitória.

Isso me viciou: meu coração palpitava de uma forma especial que eu nunca tinha sentido!

Antes de realmente começar a praticar o Jiu-Jitsu, eu aprendia um pouquinho em casa. Era uma brincadeira para o meu avô e para os meus primos — e eram muitos primos —, então a gente brigava... Brigava o tempo todo — um queria jogar videogame, outro queria ver TV, alguém se sentia contrariado e partia para cima, e eu tinha que me virar naquele cenário de várias crianças, adolescentes e brigas típicas dessa idade.

E o Jiu-Jitsu era usado nessas contendas, então, mesmo que por osmose, por brincadeira, por contato diário, algumas técnicas básicas já estavam introjetadas em mim antes de começar a treinar regularmente na academia.

Mas havia uma diferença muito grande entre o incentivo que os garotos recebiam e a indiferença com que as meninas eram tratadas.

Por exemplo, íamos tirar uma foto, "Vamos fazer uma foto da família Gracie", todo mundo reunido em casa, todos colocavam os kimonos para essas fotos, e as mulheres vestiam kimonos também.

Tirávamos a foto.

Aí algum dos homens dizia: "Está bom, meninas, podem sair agora, vamos fazer a foto só com os homens da família."

E nós éramos afastadas.

Sempre a mesma rotina: "Só os homens, só os homens!"

Lembro que, após isso se repetir tantas vezes, chegou um momento em que eu já sabia que a gente tiraria uma foto juntos só para constar, porque o retrato que realmente seria emoldurado era feito depois que a gente saía. A foto *oficial*, a *verdadeira* foto dos Gracie, era a foto "só dos homens".

E eu achava isso normal.

ELES eram os Gracie.

ELES eram os lutadores.

Os guerreiros.

Os campeões.

Nós, mulheres, éramos apenas um detalhe. Éramos tratadas com muito amor e carinho, mas não tínhamos nenhuma autoridade nem autonomia.

Não enxergava essa atitude dos meus parentes como uma coisa estranha e reprovável — fui ensinada a achar que isso era natural. Era um homem ordenando, então está bem, está certo, são só eles agora, a foto é só deles...

E havia um incentivo muito maior aos meninos, meus primos, por exemplo. Meus tios pegavam meus primos, levavam para a academia, para passear, para surfar na praia, para isso, para aquilo, e as meninas... elas não eram convidadas para a maioria dos passeios. "Não, não, vou levar só os moleques, é um programa só pros garotos."

Quando alguém descobria que estava esperando um filho com alguma namorada ou esposa, a primeira e invariável pergunta era: "É homem ou mulher?"

Se fosse mulher, o sujeito era achincalhado automaticamente dentro da minha casa, virava motivo de piada. Um tio meu que teve várias filhas era constantemente humilhado por isso: "Fulano só teve mulher, não consegue fazer um filho homem!" Ou então: "Cuidado pra não ser que nem o fulano que tem várias mulheres, hein!"

Nem os nomes das mulheres seguiam a tradição dos Gracie de dar aos filhos nomes fortes — tradição que era seguida à risca no caso dos homens e de seus nomes com a letra R.

Ter uma filha era motivo de piada na família, e você vai absorvendo isso como mulher...

E eu só fui perceber lá na frente o quanto isso vai limitando, vai criando crenças em você de que não é capaz de realizar nada de importante de que uma mulher não é capaz de criar algo significativo, de que é ruim ter uma filha, de que apenas filhos homens são desejáveis.

Você introjeta um sentimento de inferioridade diante da vida, e só fui perceber depois de anos que eu precisava melhorar minha mente em relação ao que falavam para mim na minha infância, às situações que eu vivi na infância...

Cansei de ouvir que Jiu-Jitsu não é para mulher: "mulher tem que ir pra cozinha fazer tapioca com açaí pros *verdadeiros* guerreiros".

Eu tive que lutar para poder lutar. Porque, sem perceber, os meus familiares criaram um ambiente que limitava as mulheres.

Contrariando essas ideias arraigadas, quando eu comecei a competir tive muito sucesso desde o princípio, ia muito bem nas competições. Eu "levava jeito" para a luta, ganhava tudo e, com as vitórias e as medalhas, veio a sensação de me sentir parecida com os meus tios. De me sentir, finalmente, pertencente àquele clã de guerreiros.

Percebi que, para ter voz dentro da família, eu precisava ser uma campeã.

Porque lá em casa isso era nítido: quando um parente que era campeão — um tio meu, um primo — entrava na casa, era automaticamente respeitado. Nos pequenos detalhes do tratamento que cada um recebia, você notava uma diferença gritante entre os vencedores e aqueles que não conquistavam títulos e troféus — o melhor lugar da sala, a poltrona mais confortável, era do vencedor. O campeão escolhia o que ia comer, onde queria ir, a hora que os outros poderiam ou não dar palpites. Numa discussão, era o campeão quem dava a última palavra, e os outros membros ficavam quietos e obedeciam.

Portanto, nenhuma mulher tinha voz.

Quando se arriscavam a falar eram ignoradas ou rechaçadas com frases como: "Está dizendo besteira, você não sabe do que a gente está falando, quem resolve isso somos nós." E a conversa se encerrava.

Diante desse quadro, eu defini o caminho que queria seguir: precisava ser como os meus tios, queria ser admirada como eles, desejava que minha voz e minhas ideias fossem respeitadas e levadas em consideração.

Eu queria viver como uma campeã.

E a minha forma de realizar isso foi indo à luta, literalmente. Primeiro queria o meu lugar ao Sol em casa e depois percebi que teria que buscar meu lugar na vida.

No Rio de Janeiro daquele tempo não havia tantas competições de Jiu-Jitsu feminino como existem agora. Hoje em dia, todo final de semana tem campeonatos acontecendo, mas nos anos 1990 havia apenas quatro ou cinco competições por ano.

E me inscrevi em todas.

Foram tempos maravilhosos: comecei a entender a importância da disciplina, de treinar forte, de planejar aonde eu queria chegar, de criar minhas metas e minhas rotinas e também de abdicar de muitas coisas para alcançar meus objetivos.

Eu trabalhava dia e noite para ser faixa preta e campeã mundial: esse era o meu sonho. Dormia e acordava pensando nisso.

Mesmo sentindo que seria realmente muito difícil, não apenas pelas questões inerentes ao domínio do Jiu-Jitsu, mas sobretudo pela falta de incentivo, de patrocínio e de reconhecimento. Ser uma mulher no tatame, naquela época, significava ser sempre deixada de lado.

As revistas de esportes, por exemplo, nem mencionavam os nomes das mulheres que haviam vencido os campeonatos, enquanto os homens ganhavam perfis, entrevistas e matérias de capa. Publicavam no máximo uma notinha, um rodapé, citando de passagem os torneios femininos.

A gente não lutava no dia principal, no horário nobre — lutávamos em dias e horários sem nenhum público, junto com a categoria de base. As mulheres competiam no dia dos faixas azuis (lutadores amadores), mesmo que fossem faixas pretas.

E isso nos leva a um ponto que eu acredito ser de imensa importância: quando o meu bisavô Carlos e seu irmão Hélio decidiram começar com as competições de Jiu-Jitsu, eles iam recolhendo tatames em várias academias do Rio de Janeiro e faziam um esforço hercúleo para o negócio acontecer. Queriam realmente incentivar o Jiu-Jitsu. E você acha que eles ganhavam dinheiro naquela época?

É óbvio que não.

Eles queriam fazer o negócio crescer e sabiam que estavam plantando ali uma semente que brotaria lá na frente.

Manter essa perspectiva é fundamental: existe a hora de plantar e a hora de colher. Tudo o que é realmente importante na vida leva tempo e precisa de esforço, cuidado, incentivo, trabalho diário e sacrifício para acontecer.

Era a incompreensão desse fato que me angustiava quando, sempre que eu questionava a falta de incentivo ao Jiu-Jitsu feminino e a ausência de visibilidade para as mulheres no esporte, as entidades respondiam que "mulher lutando não vende, ninguém quer ver competições entre mulheres".

Então você vai esperar vender para depois dar uma oportunidade?

"Luta de mulher é hora do intervalo", era o que eu escutava.

O modo de pensar dessas pessoas estava — e em alguns casos ainda permanece — completamente equivocado.

As entidades do Jiu-Jitsu precisam mostrar as mulheres para que as pessoas conheçam essa possibilidade. As consequências serão as lutas femininas passarem a vender mais e as atletas terem mais patrocínios e estabilidade para poderem dedicar-se *full time* aos treinos. É assim que o interesse do público pelas lutadoras irá crescer exponencialmente.

Pois, se ficamos escondidas, quem é que vai saber que existimos e que podemos construir trajetórias de excelência?

Desde o início, trabalhei e reivindiquei mudanças nesse sentido: vamos mostrar que as mulheres estão dentro do Jiu-Jitsu e que existe um mercado grande que a gente pode criar.

Mas eu precisava ser uma campeã para ser ouvida, não só na minha casa, mas também no mundo do Jiu-Jitsu de competição — porque enquanto eu não estivesse no lugar mais alto do pódio, era assim que os senhores a quem me dirigia me respondiam, com seus olhares de desprezo: "Olha só, tem uma menina falando besteira aqui, ela que se dane…"

Quando você é campeão, conquista o poder de reivindicar mais: "Eu não aceito mais lutar no dia dos faixas azuis, eu sou uma faixa preta, quero lutar no mesmo dia dos homens no evento principal e no mesmo tatame."

Muitos anos depois que comecei a treinar e a vencer, fui enfim ouvida: fiz a primeira luta feminina da história do Jiu-Jitsu disputada no dia do evento principal, no tatame central, junto com os homens faixas pretas, lado a lado com os maiores campeões de suas categorias.

Foi uma conquista não só minha, mas de todas as mulheres!

Os homens tiveram que respeitar a nós e à qualidade técnica do nosso trabalho — e a reação do público que enchia o ginásio foi maravilhosa, como eu previa.

Ali fortaleci em mim a crença de que a gente não pode desistir de reivindicar igualdade de direitos e de reconhecimento. E comecei a participar de reuniões com as mulheres que, na época, eram expoentes do Jiu-Jitsu para planejar como poderíamos buscar melhorias.

Tudo caminhava aparentemente bem, mas, quando eu achava que a situação estava evoluindo, as coisas subitamente retrocediam: éramos novamente deixadas de lado, desestimuladas e desprezadas.

As Artes Marciais eram um ambiente predominantemente masculino, e quem podia mudar as coisas insistia em não dar voz às mulheres. Era quase como se eles se sentissem ofendidos ou diminuídos em suas frágeis masculinidades.

A palavra final tinha que ser deles, e nos tratavam com ares de zombaria e de condescendência.

Ouvi várias vezes, inclusive de célebres professores: "Essas mulheres que fazem Jiu-Jitsu são todas malucas! Uma mulher que vai para o Jiu-Jitsu só pode ser desequilibrada... Olha o perfil dessas mulheres: ou são sapatões ou estão caçando homem no tatame..."

Até hoje não existe uma mulher faixa preta como liderança nas entidades, e isso permanece nos prejudicando.

Mesmo a minha carreira esportiva vitoriosa passou a ser alvo de piadas: "A Kyra ganhou, mas ganhar de mulher é fácil."

Isso começou a se repetir — alguns homens do Jiu-Jitsu, talvez se sentindo ameaçados pela minha presença, me colocavam para baixo com gracinhas e escárnio insistentes.

Para minha surpresa, me vi em um cenário pior do que havia antes de começar a competir e vencer os torneios: menosprezada, diminuída, apagada, desmerecida... Mesmo vencendo torneios, meu interesse diminuía, pois não tinha visibilidade, patrocínios e reconhecimento.

"O que eu faço agora?", me perguntava.

Pensei em abandonar tudo, desistir e tentar outra profissão em minha vida... Mas eu tinha um amor muito grande pelo esporte e acreditava que era possível fazer um Jiu-Jitsu diferente do que existia nas academias daquela época, principalmente por causa das histórias que eu ouvia do meu bisavô sobre a academia Gracie da década de 1950: um ambiente ético, limpo, familiar, saudável e de plena igualdade, acolhimento, respeito, companheirismo e colaboração entre as pessoas, e não somente um ambiente de "guerra" e de treinos focados em competição.

Eu olhava para os ambientes em que eu treinava: eram fedorentos, o pessoal usava kimonos horríveis e imundos, além da hostilidade que pesava no ar. Eu ia treinar e não conseguia sequer respirar. As conversas eram sobre as festas e as garotas com quem os caras estavam saindo, como se eles estivessem em um bar.

Eram atmosferas machistas que me deixavam cada vez mais desmotivada. "Realmente isso aqui não é pra mim", pensava com uma frequência quase diária.

Mas havia alguma coisa no fundo do meu coração que me impelia a voltar no dia seguinte.

Talvez eu seja teimosa demais, ou até um pouco obsessiva, não sei, mas, se um sujeito disser que eu não consigo fazer alguma coisa, mobilizo toda a energia do universo para provar que ele está errado.

Eu quero que ele engula o que disse.

Porque não há nada que uma mulher não possa fazer se ela realmente desejar.

Os "incentivos" negativos eram múltiplos e procuravam me convencer a desistir com diversos argumentos: "Você não vai chegar a lugar nenhum, esqueça a ideia de abrir uma academia, quem é que vai querer ter aulas com uma mulher? Homem não gosta de mulher que luta, isso vai dificultar até pra você arrumar um casamento." Essas ideias derrotistas partiam de homens e, às vezes, até de outras mulheres.

O fato de eu ter começado a competir e a vencer, e de ter conseguido lutar no dia principal dos eventos, não minorava a dificuldade persistente de visibilidade: as pessoas ainda não sabiam quem eram as mulheres campeãs, o que estava acontecendo no Jiu-Jitsu feminino, quais eram as expoentes, os destaques e as rivalidades. E, no universo da luta, é fundamental a divulgação da história de vida das lutadoras para que o público se interesse em acompanhá-las.

Desde que comecei a competir, com 11 anos, eu já adotava uma atitude bastante profissional, de seguir rigorosamente o treinamento, de me preparar fisicamente com exercícios e dieta. Meus tios brincavam comigo: "A Kyra é caxias!" (gíria para uma pessoa metódica e organizada). Mas o caso é que eu via que muitas pessoas da minha família tinham o poder do Jiu-Jitsu, elas eram muito boas no Jiu-Jitsu, mas não eram atletas, não seguiam uma rotina de treinamento disciplinada e intensa. Porque o Jiu-Jitsu, por si só, é muito poderoso, ainda mais se utilizado contra pessoas que não sabem Jiu-Jitsu. Ganha-se uma habilidade muito grande quando aprende as técnicas, então muitos membros da família Gracie achavam que o que sabiam já era o suficiente — por já se sentirem poderosos, não precisavam treinar tanto, seguir com rigor uma rotina de treinamento.

Eu não pensava assim: além de lutadora, fui realmente uma atleta.

Antes de ir para a escola todos os dias, eu acordava de madrugada e ia nadar: mergulhava na piscina fria às seis horas da manhã porque acreditava que tinha que passar por situações desconfortáveis, que uma campeã precisa suportar um nível elevado de exigência física e mental, que tinha que ser doloroso para que você acreditasse mesmo que é merecedora de tornar-se vitoriosa.

Fazia preparação física e cuidava da minha alimentação com consistência e obstinação.

Uma história interessante — meu avô sempre falava comigo: "Você tem força de vontade?"

Eu, uma criança, perguntava a ele: "Força de vontade? O que é isso?"

"Força de vontade é acreditar no que você quer fazer e não deixar ninguém te atrapalhar nesse caminho. Não importa o que aconteça, se você tem força de vontade, vai continuar fazendo o que se propôs."

"Vovô, mas como é que eu vou testar essa força de vontade?"

"Faz o seguinte", ele respondeu, "veja o que você mais gosta de comer, coloca do lado da sua cama, e aí até o campeonato não pode tocar nisso que você gosta."

Havia um chocolatinho que eu adorava. Peguei doce, deixei ao lado da minha cama, fiquei dois meses com o doce ali, e só depois do campeonato é que me dei o direito de comê-lo.

E assim segui realizando esses pequenos desafios no meu dia a dia, treinando para ter essa tal "força de vontade", que podemos chamar também de comprometimento, disciplina, perseverança.

É o comprometimento que transforma o que parecia impossível em uma realidade viável. E é preciso trabalhar essa qualidade desde cedo.

Ainda sobre sacrifícios necessários: eu estava no auge da adolescência, entre 15 e 18 anos. Minhas amigas saíam pelo menos duas vezes por semana, mas eu tinha que treinar, tinha que me preparar para os campeonatos, então me privei de muitas experiências nessa fase de ebulição hormonal. Sabia que as festas, passeios e baladas iriam atrapalhar o caminho que eu estava percorrendo. Era difícil e muitas vezes ficava em casa angustiada.

É claro que minhas amigas me interpelavam: "Você é maluca? Que loucura é essa, por que você não vai sair com a gente? Pra ficar fazendo Jiu-Jitsu?"

Ouvia essas perguntas semanalmente naquele período.

Por outro lado, eu tentava levar minhas amigas para o Jiu-Jitsu, mas nunca consegui que elas permanecessem treinando. Minha maior conquista nesse campo foi manter uma delas por seis meses na academia. E eu sabia que ela ia não porque gostava, mas para me acompanhar.

Nenhuma delas pôde ficar por mais de algumas aulas porque era realmente um meio de muita competição (repleto de ego e de machismo e, o principal motivo, porque havia um completo desrespeito por novas meninas que se aventurassem ali.

Os rapazes as perturbavam com piadinhas sem graça, sempre com conotações sexuais. Se uma nova aluna chegava na academia, era imediatamente assediada por um bando de homens que pareciam animais carniceiros cercando uma presa.

Isso gerava um enorme constrangimento para as novatas, porque os caras vinham para cima mesmo, ficavam com os olhos colados nas meninas e sentiam-se à vontade para agir assim. O ambiente parecia uma mesa de bar, onde os homens podia conversar o que quiserem, com a linguagem chula característica.

Quanto a mim, muitas vezes eu fingia que não estava ouvindo essas conversas e procurava me afastar assim que tivesse a chance. Eu já sabia que, quando o treino acabava, tinha que ir embora imediatamente, porque eles iam entrar em assuntos inapropriados.

Alguns treinavam sem roupa por baixo do kimono— algo quase inacreditável.

Comecei a criar uma blindagem, uma couraça para me proteger: eu chegava na academia, não falava com ninguém, treinava e ia embora. Não queria dar a oportunidade de surgir alguma situação esquisita comigo. Fechava a cara, entrava, treinava e ia embora; fechava a cara, treinava e ia embora... Eu estava ali para fazer meu trabalho e apenas isso — durante muitos anos foi assim que convivi com o meu entorno profissional.

Certa vez meu tio Ryan, percebendo minha angústia, foi comigo na academia, pediu para que todos os outros alunos se sentassem e disse a eles: "Essa aqui é a minha sobrinha. Ela está vindo treinar aqui. Não quero que ninguém olhe pra ela, não quero que ninguém mexa com ela. Ela vai vir treinar e vai embora, só isso. Se tiver falta de respeito, eu volto aqui e a conversa com vocês vai ser diferente."

Para você ser a melhor, para ser uma campeã, não pode fazer o que todo mundo faz. Você precisa fazer diferente.

Eu era realmente muito disciplinada: seguia fazendo meus pequenos (e importantíssimos) testes de força de vontade, não perdia nenhum treino diário, de segunda a segunda, nadava na piscina às seis da manhã e dizia para mim mesma: "Isso vai me fazer ganhar todos os campeonatos — essa constância vai criar em mim uma segunda natureza, altamente treinada e capacitada, física e psicologicamente, para o combate."

E, de fato, o meu nível técnico foi subindo de modo extraordinário ao longo desses primeiros anos. Eu não gostava de ser derrotada nem durante as aulas — fixei em minha cabeça que tinha a obrigação de ganhar tudo. O ambiente era horrível, então se eu permanecia ali, mesmo com todas essas adversidades, era para ser a melhor do mundo. Para mim, naquele momento, só havia essa opção.

Não estou afirmando aqui que vencer é o único caminho: todo ser humano tem muitas outras opções à disposição. Muitas de nós aceitamos perder e nos resignamos à derrota.

Eu também não tinha como única opção a vitória como atleta: poderia seguir uma trajetória completamente diferente — como, aliás, havia sido planejado para mim por grande parte dos meus familiares.

Mas, na minha cabeça, vencer (isto é: realizar uma meta que parecia, aos olhos de todos ao meu redor, uma impossibilidade) se fixou como o norte da minha vida.

Eu não tinha plano B.

E, mesmo diante de todas as dificuldades e da falta de apoio, estabeleci que vencer seria a minha escolha.

Todas nós temos a possibilidade de estabelecer as nossas prioridades em detrimento daquelas que os outros estabeleceram para nós. Criarmos os nossos próprios planos, independentemente dos planos que alguém determinou para nossas vidas.

Estabelecer a vitória como, mais que uma meta, um destino.

Vitória na vida! Passado não é futuro. Dentro de mim, cultivei uma chama de motivação.

Na época, a categoria feminina era dividida por faixas: faixa branca contra faixa branca, faixa azul contra faixa azul... Mas, da faixa roxa em diante (roxa, marrom e preta), todas lutavam juntas. Como eu era faixa roxa, enfrentava faixas pretas, então o nível técnico era muito alto. Para que eu pudesse ganhar uma competição, sabia que tinha que fazer muito mais do que o normal.

Chegou uma hora em que eu comecei a matar aulas no colégio para ir ao treino e ficar mais horas por dia na academia. Minha mãe descobriu e foi um problema danado...

Mesmo com meu sucesso crescente nos campeonatos, nos almoços de família aos domingos os meus feitos não eram comentados pelos parentes mais velhos, os campeões da época.

Se um primo estivesse indo razoavelmente bem nos torneios, era incensado nessas ocasiões como "o futuro dos Gracie".

Qualquer laivo de talento demonstrado por um primo, por mínimo que fosse, era posto num pedestal. Comigo, por outro lado, toda a dedicação e as vitórias pareciam sempre insuficientes.

Uma situação interessante: uma vez eu pedi pro meu avô Robson me inscrever em um campeonato. "Vô, me inscreve lá, minha categoria é peso-pena, até 52 kg."

"Tá bom, minha filha, pode deixar."

Os dias se passaram e a data do campeonato estava bem próxima.

"Vô, está tudo certo? Vou lutar no campeonato neste final de semana?"

"Claro, minha filha", ele respondeu.

Quando eu cheguei no ginásio, eles chamaram a categoria que teoricamente era a minha, mas meu nome não estava na lista. Eu me aproximei do árbitro e perguntei: "Olha, meu nome não está na categoria, mas o meu avô me inscreveu, o que está acontecendo?"

"Você pode checar a listagem logo ali", ele respondeu, apontando para um papel fixado na parede.

Diante da listagem, verifiquei que meu nome realmente não estava entre as peso-pena. Fui olhando as outras categorias, de pesos mais elevados, até que constatei: meu avô havia me inscrito na categoria meio-pesado. Vinte quilos a mais que o meu peso!

Ele me observava da arquibancada, com um sorriso no rosto. Corri até ele: "Eu quero ver como é que você lida com isso, minha filha. Quero ver se você aguenta a pressão."

Eu era faixa azul, tinha 15 anos, e entrei no tatame para enfrentar meninas muito maiores. Meus joelhos tremiam, eu suava gelado, o coração em disparada, mas fui em frente.

Para meu próprio espanto, fiz uma série de grandes lutas, duríssimas, dificílimas!

Acabei chegando à final.

E venci.

As lágrimas rolavam pelo meu rosto quando meu avô me abraçou, logo após eu receber a medalha de ouro.

Olhando para a arquibancada, ele ergueu o meu braço, para mostrar a todo mundo que eu era a sua neta.

Esse episódio aumentou a minha autoconfiança absurdamente. Foi mais um teste, desta vez de coragem, proposto por meu avô.

Lembro que uma vez ele me levou à praia da Urca, onde havia um píer. Ele pulou do píer no mar e então gritou para mim: "Pula!"

Eu via meu avô lá embaixo, dentro da água, e o píer parecia muito alto: "Não! Eu tenho medo, não vou pular!", gritei de volta.

"Mas eu estou aqui embaixo, pode pular!"

"Não, não vou! Eu não vou!", e saí do píer correndo de volta para a praia.

Fiquei sentada na areia observando ele sair do mar e caminhar em minha direção.

"Olha pra mim, presta atenção", ele disse, mirando os meus olhos. "Quando eu falar pra você pular, você tem que acreditar em mim. Isso se chama 'confiança'. Se você não aprender a confiar em certas pessoas do seu círculo mais próximo, não terá como avançar na vida."

Comprometimento, coragem, confiança...

Eis algumas das qualidades cruciais que meu avô me transmitiu por meio de seus testes e desafios.

Embora na família Gracie houvesse essa exclusão das mulheres do cenário do Jiu-Jitsu, ao mesmo tempo havia momentos como os que vivi com meu avô, aquela sensação fantástica de ele erguer meu braço e me chamar de "Campeã!" — o que acontecia desde que eu era uma criança e comia tudo o que estava no prato.

Quando eu recebi o primeiro convite para viajar e competir fora do Brasil, um tio me chamou para uma conversa definitiva: "Minha filha, agora chega. Você já lutou muito, a gente tem o maior orgulho de você, mas está na hora de parar. Você já está com 17 anos, está acabando a escola, então é melhor pensar em outra coisa, uma faculdade qualquer, porque no Jiu-Jitsu vai ser impossível você ter um futuro profissional."

Ele estava muito sério, aquela não era uma conversa qualquer.

É até possível que os outros membros da família tenham planejado aquilo e designado esse meu tio para vir falar comigo.

Fiquei em silêncio por alguns segundos.

Então olhei nos olhos dele e sustentei meu olhar.

"Eu não vou parar, tio", disse a ele, firmemente. E prossegui: "Eu vou continuar, e vocês vão ver que eu vou ser campeã mundial. Um dia vou ter a minha própria academia."

Houve uma pausa que durou uma eternidade até ele finalmente conseguir falar.

"Então tá", ele balbuciou laconicamente, com um suspiro de resignação.

Depois sorriu.

E me abraçou.

Quando os Gracie perceberam que meu sonho não poderia ser derrotado e que o meu desejo era mais forte que qualquer adversidade ou menosprezo, eles viraram chave pela primeira vez na história da família.

Então, milagrosamente, passaram a acreditar e a apoiar minha carreira: iam nos campeonatos para me ver lutar e torciam entusiasticamente nas arquibancadas, gritando o meu nome e passando instruções; me ajudavam tecnicamente com aulas particulares e dicas secretas, destinadas apenas aos escolhidos; e me incentivavam até com patrocínios para as viagens internacionais (um tio ajudava com as passagens, o outro pagava o hotel, um terceiro me dava dinheiro para a alimentação).

Se não havia como me demover dos meus objetivos, o jeito era me ajudar a realizá-los — eis a conclusão a que os Gracie chegaram, finalmente vencidos pela resiliência e pela tenacidade de uma mulher.

*"O elevador para o sucesso
está com defeito;
você tem que subir as escadas
pouco a pouco."*

Mireia Belmonte, nadadora espanhola

CAPÍTULO 2

Sonhos e ferramentas

Para tornar-se uma campeã, seja qual for a área em que você atue, serão necessárias determinadas ferramentas. E, se você quer chegar ao nível da excelência, será preciso aprender a dominá-las.

Desde que defini meus objetivos e comecei minha jornada, passei a sonhar com as coisas que eu queria.

E chegou um momento em que eu aprendi a ESCREVER sobre os meus sonhos.

Isso aconteceu graças ao conselho de um mestre que tive em Nova York, que costumava me dizer: "Kyra, escreve o que você quer, coloque seus sonhos no papel, porque isso ajuda sua mente a entender o que você sente, e torna claras, para você mesma, as suas metas. Estabeleça os prazos para que seus desejos se realizem, de uma forma realista, mas que, ao mesmo tempo, lhe pressione a correr atrás sem procrastinar."

Isso fez toda a diferença — comecei a escrever não só sobre as minhas metas competitivas, mas também sobre os meus objetivos na vida: ter o meu próprio espaço para ensinar Jiu-Jitsu; casar e ter filhos em um relacionamento permeado por respeito e organização; ter uma casa e um carro da marca X; viajar de férias; ajudar pessoas em situação de vulnerabilidade social; e assim por diante...

Comprei um caderno e o chamei de CADERNO DOS SONHOS. Ao lado dos textos que escrevia, colocava algumas imagens: a fotografia de uma casa parecida com a que eu queria; o modelo de carro que eu desejava; os lugares que queria conhecer; o organograma de um instituto dedicado a transformar positivamente a vida das pessoas; o desenho do que seria a minha futura escola de Jiu-Jitsu...

Tudo o que eu colocava no caderno, visualizava em minha mente e sentia como se estivesse presente: sentia o cheiro, tocava, visualizava os detalhes, ia amadurecendo todas essas ideias de forma sensorial em minha imaginação.

E passei a imaginar, todos os dias antes de dormir e também ao acordar, como seria minha família e como eu me entregaria a ela.

Fui desenvolvendo a consciência de que, para materializar os meus sonhos, tanto materiais quanto relacionados ao amor e ao crescimento pessoal, eu precisava mergulhar no processo de construção de um TRIÂNGULO.

Eu tinha que construir essa base com solidez, ou meus sonhos permaneceriam apenas na imaginação e não se tornariam realidades palpáveis. Existe um ditado chinês que diz: "Antes de colocar os soldados e os cavalos no campo de batalha, é preciso cuidar da alimentação deles." Isto é: antes de partir para a guerra, certifique-se de que seu exército está preparado, ou não terá condições de vencer.

A marca da família Gracie sempre foi um triângulo, que simboliza o equilíbrio de nossas ações. Cada lado do triângulo representa uma parte da filosofia do Jiu-Jitsu:

CORPO
MENTE
ESPÍRITO

Os três lados têm o mesmo tamanho; trata-se de um triângulo perfeito, em total equilíbrio, e isso é uma analogia para as nossas vidas. Para a gente seguir com essa visão e ter uma existência plena é preciso ter equilíbrio entre esses três aspectos.

Esse triângulo é a fundação sobre a qual os sonhos podem ser construídos com viabilidade e solidez. O triângulo do equilíbrio entre corpo, mente e espírito é o terreno limpo no qual nossos pés encontrarão um firme apoio para saltarmos em direção ao infinito.

Construir permanentemente um corpo saudável e ativo;

uma mente operacional e focada;

e um espírito imbuído de nobres propósitos e amor ao próximo — eis a base das nossas realizações.

Qualquer lado que esteja menor ou maior que os outros provocará o desequilíbrio do triângulo, e esse desequilíbrio trará sofrimento e fragilidade, inevitavelmente...

Sua mente é geneticamente programada para estar sempre trabalhando. Portanto, se você não estiver trabalhando deliberadamente para construir, estará trabalhando para destruir (mesmo que nem perceba). É a diferença, por exemplo, entre beber um shake repleto de nutrientes ou se intoxicar com excesso de álcool; acordar cedo e ir se exercitar ou não dormir o suficiente, por não conseguir relaxar; ter pensamentos positivos ou mergulhar em circuitos mentais autodestrutivos...

Em resumo: na vida ou você está construindo ou está destruindo.

Certifique-se de estar sempre envolvida na tarefa de construir.

E a primeira construção, que funciona como alicerce para todas as outras, é A CONSTRUÇÃO DE SI MESMA.

Com 19 anos eu saí de casa e fui morar nos Estados Unidos para treinar e competir. Como as premiações em dinheiro eram irrisórias, precisei começar a dar aulas de Jiu-Jitsu para sobreviver.

No *Caderno dos Sonhos* eu escrevia tudo que queria conquistar e nesse processo deixava sempre uma folha ao lado da minha cama para relembrar diariamente: acordava e a primeira coisa que fazia era ler essa folha com um resumo das minhas metas.

Isso ajudava minha mente a focar e a entender que os sacrifícios que faria ao longo daquele dia tinham um propósito maior — eram os degraus necessários para que eu chegasse ao topo.

Faço isso até hoje, agora com um porta-retrato posicionado na minha mesa de cabeceira, no qual escrevo as metas — sempre que um dos objetivos é alcançado, comemoro, apago e anoto o próximo passo que vou trilhar.

E assim vou avançando, no exercício destas três palavras-chave:

ACREDITAR
FOCAR
AGIR

Primeiro você acredita que é capaz, por meio da construção de seu corpo, sua mente e seu espírito;

então você foca, criando estratégias realistas e executáveis;

e aí você age, trabalhando sem permitir que nada lhe distraia ou desvie.

Usei essas ferramentas na minha carreira esportiva, e esse mecanismo se estendeu de forma estruturante em tudo que eu faço, em tudo o que eu busco: o triângulo e as três palavras-chave, aliados ao *Caderno dos Sonhos*.

E somado a isso, é claro, há o Jiu-Jitsu.

O JIU-JITSU é realmente uma arte incrível, que treina sua mente, seu corpo e seu espírito de modo altamente eficaz, proporcionando uma formação completa.

Esse esporte te ensina a estar sempre atenta e, ao mesmo tempo, sempre calma.

Você percebe tudo ao seu redor, lê qualquer situação com clareza, e aprende a controlar o medo e a ansiedade.

Por mais difíceis que as coisas estejam, você se mantém tranquila e usa as habilidades adquiridas no treinamento para encontrar uma maneira de se sair bem.

O Jiu-Jitsu torna você uma solucionadora de problemas, uma gestora de crises — e isso em todas as áreas. Porque seu corpo e sua mente aprendem, na prática do tatame, como se comportar diante de pressões, desafios, ameaças e obstáculos.

Evidentemente você pode construir uma mente campeã sem que seja necessário praticar Jiu-Jitsu. Como foi o caminho que eu trilhei, percebo que há muito a aprender nessa Arte Marcial, e prossigo destacando pontos que a prática do Jiu-Jitsu me ensinou e que você poderá compreender e utilizar. Os princípios são aplicáveis mesmo por uma não praticante.

E aqui entra a questão do AUTOCONTROLE: eu era uma pessoa muito explosiva, tinha dificuldades em controlar meus sentimentos, principalmente na hora da raiva, nos momentos de estresse, e o que me ensinou a lidar com isso foram as competições.

Em uma competição, é muito fácil deixar a adrenalina tomar conta de você — e aí você age por impulso e comete erros estratégicos; ou então você congela e não consegue pensar e agir com clareza. Se você permite que o pânico tome conta, seu único desejo será fugir...

É preciso conquistar o equilíbrio — não congelar, mas também não agir por impulso. A competição coloca o seu autoconhecimento à prova, sem espaço para justificações.

O nível de evolução individual que você conquistou até aquele momento de sua vida vai ser exposto, quer você queira ou não. É uma situação empírica na qual você é testada, sem possibilidade de blábláblá...

O Jiu-Jitsu me ensinou que a chave para o autocontrole é a RESPIRAÇÃO. Eu testei isso no mais alto nível.

Existem múltiplos tipos de respiração que eu uso, e cada uma tem um propósito. Vamos abordar dois tipos específicos: uma respiração para ACALMAR e uma respiração para ATIVAR.

Nos momentos pré-luta, você tem que ativar seu corpo e prepará-lo para agir. Esses momentos estão sempre presentes em nossas vidas, porque todas nós lutamos e buscamos a medalha de ouro: buscamos realizar uma meta, atingir um objetivo ou conquistar o sucesso em algum setor. Podemos fazer a respiração ativa antes de uma apresentação no trabalho; antes de uma reunião importante; antes de uma prova na faculdade; antes de uma entrevista de emprego ou de uma conversa na qual você deverá convencer um cliente sobre a qualidade do produto que pretende vender a ele.

Nesses momentos cruciais, você deve fazer a respiração da luta, porque ela te ajuda a trazer o foco para o presente, te deixa pronta para fazer o que você tem que fazer, reagindo dinamicamente a todos os sinais. A respiração ativa lhe permite entrar em um fluxo.

O ESTADO DE FLUXO é uma qualidade psicofísica na qual você está tão preparada que não precisará pensar no que vai fazer, porque o seu corpo, a sua mente e o seu espírito já estarão prontos para enfrentar o desafio.

Depois de uma luta, as pessoas me perguntavam: "Kyra, como é que foi?" E eu não sabia responder, porque não me lembrava do que aconteceu... Estava vivendo no presente, momento a momento, então não havia espaço para que eu registrasse uma memória precisa.

Ocorre o mesmo quando você está altamente preparada para uma apresentação.

Isso só é possível quando você entra nesse fluxo, nesse estado de plena atenção.

Por meio do QR Code abaixo, vou mostrar o passo a passo da respiração ativa a ser usada antes de momentos em que você precisará estar pronta para um desafio; e há também um breve tutorial acerca da respiração para acalmar a ser usada para *desligar* e relaxar após o combate:

O Jiu-Jitsu é um xadrez jogado com corpos humanos. E a jogadora é sua própria peça. Mente e corpo integrados no aqui e no agora do combate.

Um milésimo de distração pode, e provavelmente vai, lhe custar a vitória.

Estar em estado de alerta e, ao mesmo tempo, sempre um passo à frente do oponente: para isso é imprescindível que suas emoções não lhe dominem.

Calma. E prontidão.

Manter a respiração sob controle, mesmo diante da maior pressão: eis a característica básica de uma guerreira.

Estar no tatame lhe ajuda a praticar esse autocontrole. E então você leva isso para seus desafios na vida lá fora.

O Jiu-Jitsu se estabelece como uma grande ferramenta para que você conquiste a si mesma (afinal, essa é a nossa grande luta). E, quando você ganha domínio sobre si, realizar seus objetivos na vida (sejam profissionais, afetivos, financeiros ou familiares) passa a ser uma tarefa muito mais interessante. Porque você passa a encarar tudo como uma espécie de jogo, da mesma forma que você encara o treino na academia.

Todo desafio passa a ser bem-vindo porque você aprende a gostar de se testar da mesma forma que você se testa durante o treino. Se você é capaz de enfrentar aquela adversária no tatame, ou de vencer a preguiça, então também é capaz de resolver uma crise em sua empresa ou um desentendimento em seu relacionamento!

O Jiu-Jitsu lhe prepara para situações que vão muito além do tatame. O que você treina no Dojo é o que você vai usar, analogamente, em todas as outras áreas de sua existência. Eu aprendi assim, mas repito: mesmo não praticando, procure compreender essas ferramentas que você conseguirá exercitá-las em sua experiência.

Encare o Jiu-Jitsu como uma metáfora da vida, e então a "arte suave" se tornará uma ferramenta poderosa para o seu crescimento pessoal.

Evidentemente, para aprender a usar e a dominar essas ferramentas é preciso disciplina. O treinamento sistemático gera um efeito colateral fantástico: você passa a exalar AUTOCONFIANÇA, porque você se sente aparelhada para vencer. Sabe que treinou, que não faltou nem um dia, que acordou cedo e se alimentou bem, que estudou os temas até conhecer o assunto de trás para frente, que praticou, visualizou e ensaiou o que vai fazer inúmeras vezes: está em dia com tudo o que se propôs. Até a sua postura muda, sua fala se torna assertiva. Você passa a agir como uma campeã.

Saber que, no fim das contas, você fez tudo o que tinha que fazer, de forma disciplinada e comprometida, lhe dá a segurança psicológica imprescindível para entregar o seu melhor.

Em todas as competições que disputei em âmbito internacional, incluindo os Campeonatos Mundiais, eu entreguei o meu melhor.

Ganhava sempre?

Não.

Lembro-me exatamente da minha primeira derrota. Estava há anos vencendo todos os combates e, quando a queda aconteceu, parecia o fim do mundo.

O sentimento da derrota trouxe um gosto amargo quase insuportável: ser vencida por uma adversária que se mostrou mais preparada tecnicamente, que superou os meus esforços comprometidos, expondo minha insuficiência diante do mundo... Ser derrotada por alguém que lutou melhor que eu, construiu uma estratégia superior à minha, me derrubou e me finalizou sem margem para controvérsias, parecia uma cruz mais pesada do que eu podia carregar...

Na minha imaturidade, a derrota era algo inconcebível e eu cheguei a pensar em desistir de lutar. Mas me ocorreu que a desistência seria a derrota definitiva.

Enquanto lutasse, a condição de perdedora seria apenas temporária.

Reverter a situação passou a ser meu grande objetivo.

Pode parecer surpreendente, mas a DERROTA é uma excelente professora. Rigorosa, ríspida, ela te faz vivenciar um aspecto da vida que nenhuma outra experiência lhe trará.

Essa vivência pode te destruir?

Sim. Já aconteceu com célebres atletas que, após perderem uma luta, jamais conseguiram se recuperar... E também com empresários famosos, que se entregaram após a falência de seu negócio...

Mas, se você sobreviver a esse duro ensinamento, vai se tornar uma pessoa incrivelmente poderosa. Porque a vitória é algo que se comemora em grupo, enquanto a derrota é só sua...

Ela te leva a mergulhar em si mesma de um modo incomparavelmente profundo. E esse mergulho te permite analisar as suas qualidades e os seus defeitos — é essa análise implacável que lhe permitirá continuar se transformando e evoluindo.

Me vi forçada a entender que, mesmo quando damos o nosso melhor, as coisas podem não funcionar como prevíamos... E que a derrota deve ser encarada como mais uma ferramenta para o nosso crescimento — uma ferramenta poderosa, usada pela vida para forçar nossos limites e nos conduzir para além de nós mesmas, de um jeito que nunca conseguiríamos fazer enquanto estivéssemos tranquilamente estabelecidas na zona de conforto da vitória.

O processo de dar a volta por cima proporcionou o maior aprendizado da minha carreira. Hoje sei que tal conhecimento não poderia ser adquirido de outra maneira a não ser mergulhando sozinha na frustração da perda, e sobrevivendo para emergir mais forte. E mais humilde.

O medo de falhar lhe impede de dar o primeiro passo.

Não tenha medo de falhar.

Porque é justamente o que você aprende com as falhas que vai proporcionar a maturidade necessária para lhe tornar uma mulher imbatível.

Temos que acreditar e não podemos desistir nunca, porém temos que entender que algumas vezes precisaremos mudar de direção, redesenhar o caminho, retraçar os planos e redefinir as metas.

Na luta é assim: às vezes eu estou seguindo uma estratégia e não está dando certo, eu estou perdendo, então eu preciso mudar a direção e analisar o que preciso melhorar em outras áreas da minha vida, pois tudo está conectado.

Você é seu laboratório de testes.

Sempre que eu perdia, voltava ao "laboratório" e modificava o tipo de treinamento, a maneira como cuidava do meu corpo, como me alimentava, como respirava, como trabalhava a minha mente, e às vezes modificava até o modo como me relacionava com as pessoas...

Perder só acaba com a sua vida se você permitir.

O aprendizado é contínuo e, aos poucos, você se livra do medo da derrota, porque sentir medo da derrota é algo que pode te travar e impedir que sua vida avance.

Ganhar é muito bom, perder é muito ruim, mas tudo passa. E você começa a entrar em um estado de luta mais tranquilo, consciente de que você é maior do que uma competição ou um projeto. Ao longo da minha carreira fui entendendo os altos e baixos, aprendendo a cair e levantar, a perder e ganhar, e tudo isso vai servindo para trabalharmos e controlarmos o nosso ego.

Se você ganha demais, acha que é melhor que todo mundo, aí o ego começa a inflar, e isso vai afetando negativamente outros setores da sua vida... A luta me ensinou: quando você acha que está na crista da onda, toma uma rasteira e vai parar no fundo do poço... De uma hora para outra...

HUMILDADE é uma qualidade difícil de ser adquirida, e raríssima de encontrar, sobretudo em campeãs e campeões. Mas é, certamente, a face mais bela da sabedoria.

Não se acostume nem com a vitória nem com a derrota, pois as duas levam à estagnação. Você não vai ganhar sempre, e ninguém está imune a perder. O sinal de uma mulher saudável física, mental e espiritualmente (isto é: a marca de uma campeã) é a capacidade de manter-se sempre em movimento e aberta às transformações.

Mencionei o meu *Caderno dos Sonhos*, mas é fundamental frisar que um sonho só poderá ser realizado na medida em que eu buscar a CAPACITAÇÃO necessária. Assim, quando a oportunidade surgir, eu estarei pronta para aproveitá-la. Sem capacitação não haverá realização.

Sobre o Mundial de Jiu-Jitsu: meu sonho n.º 1 era ganhar esse campeonato e inscrever meu nome na história do esporte.

Eu não poderia esperar chegar perto da data do evento para treinar. O meu treinamento não era de dois ou três meses — era o treinamento de uma vida inteira. Infinitas horas, meses, anos de dedicação, que convergiam para um único momento.

Uma vida se capacitando, comendo bem, treinando pesado, estudando minuciosamente as adversárias, trabalhando a parte psicológica, me preparando para aquele breve instante em que entrava no tatame diante da minha oponente na disputa final.

Quando a oportunidade chegar— e ela vai chegar, não tenha dúvidas quanto a isso! —, você precisa estar pronta para agarrá-la.

Às vezes a oportunidade passa sem você sequer perceber, porque não estava preparada...

Comece imediatamente a exercitar as ferramentas necessárias para se capacitar.

A oportunidade de realizar seus sonhos e suas metas está lhe esperando na próxima esquina — mas você precisa espantar a preguiça, adotar a postura campeã e caminhar até lá.

E, por último, uma história engraçada sobre MOTIVAÇÃO: eu tinha uma adversária frequente, e desenvolvemos uma relação que misturava respeito, temor e até um pouquinho de ódio...

Ao longo dos anos, nos enfrentamos diversas vezes em diferentes torneios, a ponto de nossa rivalidade se tornar lendária no meio esportivo.

Você deve estar pensando que a última pessoa que eu gostaria de ver na minha frente era essa mulher, certo?

Errado.

Eu coloquei a foto dela num porta-retratos na mesa de cabeceira.

E sempre que eu tentava me entregar à preguiça; sempre que eu acordava dolorida e exausta; sempre que eu cogitava tirar um dia de folga; em todos esses momentos de fraqueza, eu abria os olhos e dava de cara com ela.

Observava aquele rosto hostil, seus olhos faiscando, e por alguns segundos eu acreditava que ainda dormia e que me encontrava presa em um terrível pesadelo...

Aí me dava conta de que já estava acordada.

Respirava fundo e dizia a mim mesma:

"Meu Deus...

Tenho que levantar...

Essa criatura com certeza já está de pé, treinando duro, se preparando para acabar de vez comigo...

E certamente vai me matar se eu não me levantar deste colchão neste exato momento..."

Era assim que eu me motivava.

E juro a você: saltava da cama na mesma hora!

Lembre-se sempre do que William Shakespeare escreveu em seu *Hamlet*:

"Estar preparado é tudo."

Pois uma bela refeição só poderá ser apreciada se você tem dentes fortes, um bom apetite e talheres afiados.

*"Você pode perder mais
do que ganhar,
ouvir mais 'não' do que 'sim',
mas se seguir o caminho
e se dedicar
vai se tornar a melhor versão
de si mesma."*

Naomi Osaka, tenista japonesa

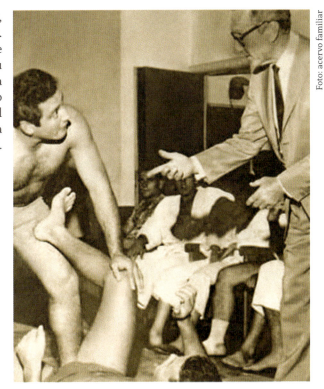

Carlos Gracie, meu bisavô, ensinando na década de 1930. Ele foi o primeiro Gracie a ter contato com o jiu-jitsu e idealizou o projeto da família de desenvolvimento e expansão (nacional e internacional) de nossa arte marcial.

Todos os Gracie já nascem com o kimono. Nesta foto, os homens da segunda geração.

Em 1985, com minha mãe, Flávia, e meu tio Ryan.

Em uma apresentação de balé em 1990.

Comemorando meus cinco anos com meu bisavô Carlos, o patriarca da família, no colo da vovó Vera. Em pé, minha mãe e meu avô Robson.

Na faixa branca, aos dez anos, com minha mãe, minha irmã Rayra e meu avô Robson.

Com 10 anos, brincando com a faixa vermelha do meu bisavô Hélio.

Aos 12 anos, competindo de faixa amarela.

Com 15 anos, quando venci o Campeonato Estadual de Jiu-Jitsu no Rio de Janeiro.

Vencendo o Campeonato Brasileiro de Jiu-Jitsu (1998) na faixa azul.

Vencendo o Campeonato Mundial de Jiu-Jitsu (2004) na faixa marrom.

No Campeonato Mundial de *Submission*, contra Erica Montoya — ADCC 2005.

No Campeonato Mundial de *Submission*, contra Leka Vieira — ADCC 2005.

No Campeonato Mundial de *Submission*, contra Leka Vieira — ADCC 2005.

Com meu primo Roger e tio Rickson, comemorando a vitória do Campeonato Mundial de *Submission* — ADCC 2005.

Recebendo o troféu por ter vencido mais um Campeonato Mundial de *Submission* — ADCC 2007.

Fui a primeira mulher a dar aulas de jiu-jitsu para o Exército Brasileiro.

Meu casamento com Malvino Salvador em Fernando de Noronha.

Ayra, minha primogênita, com nosso kimono cor-de-rosa.

Treinando defesa pessoal na academia Gracie Kore com minha filha Kyara.

Com Rayan, meu caçula: meus filhos também já nascem com o kimono.

Mostrando a conquista do Hall da Fama para meus filhos.

Família Gracie Salvador seguindo a tradição: todos de kimono.

Com tio Ralph, vovô Robson e minha mãe, em 2016.

Na academia Gracie Kore, espaço concebido por mim para replicar a escola original dos meus bisavôs.

Foto: Leo Aversa

O jiu-jitsu também tem a parte de luta em pé, bastante esquecida, mas praticada por meus bisavôs, e retomada por mim nas aulas na Gracie Kore.

CAPÍTULO 3

Mentalidade faixa-branca

Um lutadora faixa branca é como uma esponja: está sempre pronta para absorver conhecimento.

Como é uma iniciante, sua disponibilidade em aprender é repleta de entusiasmo. Para mim, manter a mentalidade de uma faixa branca é imprescindível, sobretudo se pensarmos no mundo em que vivemos — instável, dinâmico, em permanente transformação. Mesmo que alcance a excelência no domínio de certas habilidades, você nunca estará pronta, e seu trabalho vai sempre requerer a assimilação de novos conhecimentos.

Mantenha o entusiasmo e a vontade de aprender de uma iniciante. Mantenha uma mentalidade faixa branca.

Pois, em nosso século XXI, a única coisa permanente é a mudança. Nada é estático, nada é definitivo — e isso se estende a seus projetos, seus relacionamentos, sua vida financeira, seu processo de autoconhecimento...

Enquanto estivermos vivas, a estagnação jamais será uma opção para uma campeã.

Em 2012 eu decidi parar de competir.

Havia ganhado oito títulos mundiais: venci cinco vezes o Campeonato Mundial de Jiu-Jitsu e três vezes o ADCC — Abu Dhabi Combat Club, a maior competição internacional de *submission fighting*.

Fui a primeira mulher na história a unificar estes dois títulos: o de luta com kimono no Mundial, e sem kimono no ADCC.

Também fui a primeira a entrar para o *Hall da Fama* dos dois torneios mais importantes do Jiu-Jitsu contemporâneo.

Competir e vencer em ambas as modalidades de luta agarrada fez de mim uma pioneira, e me orgulho de ter aberto caminho para muitas outras mulheres que, desde então, vem lutando e procurando repetir, e até — por que não? — superar meus feitos.

Ser uma inspiração para essas campeãs me dá a sensação de que cumpri meu dever com honra, coragem e abnegação.

A atleta Leticia Ribeiro, diversas vezes campeã mundial e uma das dez melhores lutadoras de todos os tempos, costuma dizer: "Existe o Jiu-Jitsu antes e depois de Kyra Gracie". Um elogio como esse, vindo de outra mulher que também sabe o que é enfrentar as gigantescas dificuldades de nosso esporte, me emociona e me enche de alegria.

Sim, eu havia deixado um legado no campo do Jiu-Jitsu esportivo. Mas, quando minha carreira como lutadora profissional acabou, precisei decidir qual caminho seguiria dali em diante. Em meu coração, sentia que minha trajetória estava apenas começando. Havia muito a construir e minha energia não era a de uma aposentada. A única coisa certa naquele momento de transição era que eu teria que partir para conquistar outros desafios. E para isso precisaria me adaptar.

Adaptação, na prática, significa a capacidade de desenvolver novas habilidades.

Por 16 anos me dediquei intensamente às competições e à rotina de atleta. Era uma das mulheres mais hábeis do mundo nessa área — mas conseguiria ser bem-sucedida em territórios desconhecidos? As ferramentas de que eu dispunha seriam úteis em contextos diferentes? E o mais importante: eu seria capaz de começar de novo?

Comecei a traçar planos, pensar em possibilidades... Mas a oportunidade para uma nova carreira veio de modo inesperado.

Certo dia encontrei por acaso um amigo em um evento e começamos a conversar. Era o Flávio Canto, medalhista olímpico, sete vezes campeão sul-americano e ex-número 1 do ranking mundial de Judô. Ele estava trabalhando no canal SporTV da Globo, apresentando reportagens sobre Artes Marciais.

De repente ele cortou o assunto e disparou: "Kyra, como é que você se sente na frente de uma câmera?"

A verdadeira resposta: eu me sentia péssima, horrível, completamente desconfortável e inadequada...

A primeira entrevista que eu dei na vida foi para a minha mãe, porque ela tinha um programa de televisão chamado *Heróis do Ringue* no início dos anos 2000. Nesse programa ela entrevistava lutadores e cobria a agenda dos torneios de Jiu-Jitsu; eu tinha vencido um determinado campeonato e ela veio conversar comigo.

Estava tudo indo bem até que a câmera foi ligada: fiquei com tanta vergonha, mas tanta vergonha, que no meio da entrevista eu comecei a chorar...

A partir desse dia desenvolvi um verdadeiro pavor de falar em público e de me expor midiaticamente. Eu não suportava nem tirar fotos... Era realmente muito tímida, patologicamente envergonhada.

Na medida em que vencia campeonatos, me via obrigada a dar entrevistas — não tinha como fugir, era uma parte do meu trabalho.

E o que acontecia?

Eu gaguejava, travava, pensava demais e, na hora de falar, embolava tudo. Era difícil conseguir o mínimo de clareza nas informações que eu queria transmitir...

Minha relação com a câmera era assustadoramente problemática — diante da lente, o máximo que eu conseguia era murmurar respostas monossilábicas, mal elaboradas e que muitas vezes sequer tinham relação com a pergunta feita pelo repórter.

E então o Flávio me chama para fazer televisão.

Em vez de dizer a ele a verdade, respondi: "Tudo certo, adoro as câmeras!"

Ele sorriu: "Eu sabia! Você é a cara da televisão, tem tudo a ver, vai ser ótimo termos uma mulher falando de luta!"

E me ligou algum tempo depois para informar que havia marcado um teste na Rede Globo.

No dia agendado, cheguei na emissora e instantaneamente me senti um peixe fora d'água.

Era um estúdio gigantesco, com várias câmeras, uma produção enorme, dezenas de pessoas me observando.

Eu tinha que ler o que estava escrito no monitor, trocar de câmera enquanto lia, chamar as matérias, chamar os intervalos, sorrir, ficar séria, ser simpática e ser expressiva, fazer mil coisas ao mesmo tempo e ainda ouvir o que o diretor gritava no meu ouvido através de um fone... Eram tantas informações que eu fiquei tonta: tropeçava no texto, me dirigia para a câmera errada, ficava em silêncio quando deveria falar, falava quando deveria me calar, e demonstrava intenso nervosismo através dos meus olhos...

Em suma: um completo desastre.

Quando o suplício terminou, fui até o diretor e perguntei, com a maior cara de pau:

"Meu teste foi legal?"

"Não...", ele respondeu constrangido, para depois emendar reticente, "...quer dizer, foi, foi legal..."

Ficamos em silêncio, até que criei coragem:

"E aí, estou contratada?"

Percebi que ele pensava em uma desculpa para me dispensar de forma educada:

"É que... A gente está sem vaga."

"Poxa... Mas vocês me chamaram para um teste e não tem vaga?"

"É...", ele encerrou com um suspiro, "...sinto muito, a gente está sem vaga."

Voltei para casa e aquilo ficou martelando na minha cabeça. Eu não podia perder aquela oportunidade, seria algo incrível para mim — porque eu poderia, através da TV, levar o Jiu-Jitsu para um número massivo de pessoas!

O único problema é que eu era péssima comunicadora...

O que fazer?

Em sua teoria sobre a evolução das espécies, Charles Darwin compreendeu que os animais que nascem com determinadas características conseguem adaptar-se melhor ao seu *habitat* e por isso sobrevivem.

Mas o caso dos seres humanos é mais complexo — temos uma inteligência privilegiada o suficiente para desenvolvermos novas habilidades até o fim de nossas vidas. Não somos prisioneiros do modo como nascemos — estamos em constante evolução, e temos o poder de nos readaptarmos continuamente, criando novas respostas aos desafios impostos pelas circunstâncias.

Inteligência é a capacidade de adaptação.

Você é uma mulher inteligente na medida em que consegue mudar, ampliar seu repertório, transformar-se em outras versões de si mesma.

Então comecei meu processo de mutação: me matriculei em uma série de cursos, em todos os cursos que encontrei, para aprender a falar com a câmera e me posicionar de modo profissional na televisão. Fiz cursos de oratória, de operação e edição de vídeo, iluminação de estúdio e jornalismo; cursos de teatro, dança, expressão corporal e dicção.

Procurei me capacitar em todas as áreas que entendi serem necessárias para me soltar expressivamente e compreender os processos técnicos envolvidos em meu novo objetivo.

Gastei muito com essa capacitação — as aulas eram caras e todos os *workshops* eram presenciais.

Banquei esses cursos com o dinheiro que havia guardado em meus anos vencendo campeonatos mundiais e dando aulas particulares no exterior. Posso dizer que consumi a maior parte do que havia ganhado durante os 16 anos da minha primeira carreira me capacitando para a segunda.

Enquanto me preparava, liguei pro diretor da Globo e fiz um pedido: "Olha, eu posso ir toda semana aí no estúdio para assistir às gravações dos programas do SporTV?"

Ele relutou a princípio, mas minha insistência aliada ao meu *background* respeitável no universo da luta o fizeram ceder.

E comecei a ir semanalmente, sem jamais faltar. Eu assistia às gravações não só dos programas do meu amigo Flávio, mas também aqueles apresentados por outros jornalistas, sobre outras modalidades esportivas. Eu "batia ponto" na TV e nem era contratada...

Observava tudo: quais as dificuldades implicadas nas gravações; como aqueles apresentadores, que eram referências no meio, se sentiam tão confortáveis diante da câmera; e aproveitava cada intervalo para fazer mil perguntas à equipe técnica.

Fui me tornando alguém "de casa" no estúdio, mesmo que não tivesse uma função.

Um dia o diretor me colocava na ilha de edição, para aprender a fazer os cortes e a montagem de um programa; outro dia ele me colocava para acompanhar a decupagem de uma matéria; em outra ocasião eu ficava junto com a produção, e naturalmente comecei a ajudar as equipes nessas tarefas.

Em paralelo seguia com os meus cursos, e realmente fui me sentindo cada vez melhor diante das câmeras, cada vez mais confortável em falar e me apresentar em público.

O estúdio estava se tornando o meu *habitat*.

Mas continuava sem oportunidade.

Sempre que perguntava à direção se poderia fazer outro teste, vinham com a desculpa: "Não tem vaga..."

Um ano se passou.

Aí aconteceu um evento enorme de MMA (*Mixed Martial Arts*, ou *Artes Marciais Mistas* em português, uma forma de luta que combina golpes de luta em pé com técnicas de luta no chão) no Brasil. Os ingressos esgotaram rapidamente, os convites eram disputadíssimos, todo mundo foi para a Arena no Rio de Janeiro, o evento era o *must of the town* daquela noite.

Eu também estava a caminho da Arena quando meu telefone tocou. Era o diretor do SporTV: "Kyra, o que você está fazendo?"

"Estou no carro", respondi. "Por que, o que aconteceu?"

"Todos os convidados do programa cancelaram as participações, eles querem assistir ao evento de MMA... Gostaria de saber se você pode fazer a apresentação hoje."

Faltavam apenas duas horas pro show começar.

"Mas como assim?", perguntei atônita.

"Kyra, está muito complicada a situação, o programa vai ao ar ao vivo e eu preciso de alguém que entenda de luta para fazer os comentários!"

Respirei fundo: "Ok. Deixa comigo."

E foi assim, por obra do acaso e após um ano de estudo e preparação, que fiz minha estreia na TV.

Entrei no ar nesse programa ao vivo, com uma audiência gigantesca. Não havia espaço para erros ou hesitações. E me saí muito bem: sabia falar para a câmera, sabia chamar um intervalo comercial e me sentia confiante porque entendia todos os aspectos técnicos da televisão. Melhorei muito minha oratória, graças às aulas e aos exercícios de fonoaudiologia que fazia diariamente. Toda essa capacitação me permitiu agarrar aquela oportunidade com unhas e dentes.

O programa foi um sucesso de audiência e os comentários sobre a minha participação foram fantásticos!

No dia seguinte recebi uma ligação oficial da Globo me contratando como apresentadora.

E esse foi o inusitado início do período de sete anos que passei na TV.

Foi um trabalho muito importante: mudou minha vida ao me tornar uma figura conhecida do grande público. A visibilidade que a TV proporciona me tirou de uma bolha e me expôs ao mundo.

Ali eu entendi que o que eu aprendera com o Jiu-Jitsu se estendia inequivocamente em minha vida, porque seus princípios haviam se tornado uma segunda natureza em mim — ter suportado um ano de preparação em múltiplas e exaustivas aulas, sendo observada e testada diariamente sem nenhuma garantia de que seria contratada, é a prova de que você tem disciplina, que você tem resiliência, que acredita em si mesma, que controla sua ansiedade porque compreende as etapas necessárias para atingir uma meta. Mostra que você tem foco: você dirige suas forças para o que almeja e vai até o fim. Sabe que enfrentará dificuldades, e mantém a mentalidade faixa-branca: uma atitude de evolução constante, avessa à soberba.

Paciência, humildade e persistência.

Essa busca contínua por ampliar minhas habilidades e recriar a mim mesma foi muito forte na televisão. Eu queria muito estar ali, entre os melhores. E esse processo continuou mesmo após a minha contratação: passei anos sem ter folga no fim de semana, cobrindo eventos e fazendo matérias. Saía para gravar um conteúdo, acompanhava a edição do material depois dos eventos, reportagens e entrevistas, e só voltava para casa de madrugada, após a entrega do produto final.

O Jiu-Jitsu me deu esta consciência holística. Ver a totalidade das coisas, compreender o início, o meio e o fim de um processo, perceber que tudo está interligado — como as partes de um corpo humano.

E a experiência na TV somou a isso uma bagagem imensamente útil para as coisas que eu viria a fazer: as palestras que eu ministro, os seminários motivacionais em que discurso para centenas de pessoas, a apresentação do meu podcast e os vídeos do meu canal no YouTube... A televisão e a preparação que fiz para entrar ali criaram a base sem a qual nenhuma dessas atividades seria possível.

Assim que entrei na Globo, defini minha missão: usar aquele meio de comunicação de massa para melhorar a imagem do Jiu-Jitsu no Brasil, que ainda era visto com preconceito.

Porque eu olhava para aquela redação cheia de gente, mais de duzentas pessoas, e pensava: "Quem aqui treinaria Jiu-Jitsu?" Sabia a resposta: três pessoas, no máximo...

Como é que eu posso mostrar a elas que o Jiu-Jitsu é praticável e benéfico para todos, como os meus bisavôs faziam? Como é que eu posso transformar a imagem violenta e machista associada ao meu esporte nos últimos tempos?

Para reverter esse quadro, comecei a propor matérias abordando aspectos insuspeitados do Jiu-Jitsu: convidava a família de uma celebridade para fazer um treino comigo e me focava nas crianças; entrevistava antigos mestres para mostrar a beleza filosófica que permeia a "arte suave"; descobria pessoas que haviam começado a treinar depois dos cinquenta anos e que tiveram uma melhora expressiva na qualidade de vida; trazia mães e filhas para treinarem juntas; mostrava aulas de defesa pessoal que, se necessário, poderiam salvar uma pessoa de situações de violência; propunha o Jiu-Jitsu inclusivo, praticado por portadores de necessidades especiais; mostrava a alimentação da família Gracie, composta por alimentos simples e uma rotina regrada, com grandes resultados em termos de longevidade e de fortalecimento imunológico.

Essas matérias exibidas pelo SporTV ajudaram a quebrar preconceitos ao associar o Jiu-Jitsu a nobres valores, à família e à saúde (física e mental).

Com o passar dos anos, posso afirmar que as reportagens semanais que produzimos tiveram uma influência significativa, atraindo novos praticantes e trazendo também patrocinadores interessados em investir no esporte.

Eu inseria o Jiu-Jitsu na programação em todas as oportunidades. Divulgava o Jiu-Jitsu, falava sobre sua grandeza e sua complexidade, comentava os maiores eventos de MMA do planeta, porém depois de alguns anos comecei a me sentir inquieta, angustiada...

Eu precisava fazer mais.

Precisava transmitir meu conhecimento diretamente no tatame.

Havia passado a vida inteira treinando até alcançar a faixa-preta; competindo e vencendo; dando aulas particulares, viajando o mundo; e, mesmo com o sucesso da TV, percebia que não estava entregando tudo o que eu podia entregar para as pessoas, tendo em vista o vasto conhecimento que construí.

E foi com esse propósito que resolvi abrir a minha própria academia de Jiu-Jitsu.

A passagem pela Globo me ajudou também nesse sentido — porque ali comecei a entender sobre gestão, sobretudo no que se refere à equipe. Os funcionários e os colaboradores são a parte fundamental de qualquer negócio. E uma gestora deve aprender a motivá-los; a manter a equipe coesa; a delegar funções segundo os talentos individuais; e a promover a eficiência do fluxo nos processos.

Vivendo por sete anos em uma empresa altamente profissional, me convenci de que o sucesso de um projeto empresarial depende muito mais da sua rede de colaboradores do que de qualquer outro fator. Esse é o motivo para que você filtre ativamente a escolha de sua equipe: compatibilidade e complementaridade são as chaves.

Na escolha dos profissionais, é preciso valorizar o alinhamento de valores, juntamente com o estilo de interação interpessoal e o modo de trabalhar. As virtudes são fundamentais, pois o restante é treinável.

Hoje há uma supervalorização da escolha das "pessoas certas", mas sendo realista: todos os que se apresentam como perfeitos em um primeiro momento tendem a estar apenas tentando lhe agradar...

A cumplicidade no trabalho só vem com o tempo, e uma gestora deve estar atenta para ir melhorando as relações e, consequentemente, aumentando a produtividade de sua equipe com o desenrolar do convívio.

O fato é que os indivíduos que compõem seu time determinarão o sucesso de sua empresa. Porque nem mesmo pensar é um ato solitário — você fica mentalmente discutindo com as pessoas que lhe influenciam — e, portanto, a qualidade do diálogo entre você e seus colaboradores será determinante na direção que seu empreendimento irá tomar.

Decidi chamar minha academia de Gracie Kore, porque meu objetivo era resgatar a essência do Jiu-Jitsu desenvolvido por meus bisavôs Carlos e Hélio (*core*, em inglês, significa *núcleo, cerne, âmago, essência*).

A Gracie Kore nasceu para ser um espaço norteado pelos princípios fundantes do Jiu-Jitsu — um retorno às origens.

Vesti novamente a faixa-branca e aprofundei meus estudos sobre a história da minha família, mergulhando nos fundamentos filosóficos que pautaram a criação da metodologia Gracie de ensino do Jiu-Jitsu.

A Gracie Kore foi inaugurada em 2018 no shopping Vogue Square na Barra da Tijuca, Rio de Janeiro, com a proposta de unir tradição e modernidade, raízes clássicas e método científico, oferecendo um ensino completo de todos os aspectos do Jiu-Jitsu em um espaço de acolhimento para mulheres, homens, crianças e atletas.

Nosso foco é resgatar o currículo original da clássica academia Gracie, com 36 aulas fundamentais de defesa pessoal, conforme ensinadas na primeira escola da Avenida Rio Branco.

Para isso, tivemos que realizar um amplo e profundo treinamento, acerca de pedagogia e didática, com a equipe de professores que selecionei.

A tradição está presente também nos trajes: oferecemos os kimonos grossos e trançados de hoje, mas também os finos e lisos, semelhantes aos utilizados na década de 1950. E os tatames que cobrem o piso de todas as salas têm efeito bactericida e padrão olímpico, absorvendo melhor as quedas, para conforto e segurança dos nossos alunos.

O objetivo central da Gracie Kore é promover o bem-estar físico, mental e emocional, e desenvolver a autoconfiança nos praticantes. Além das aulas de defesa pessoal e de Jiu-Jitsu (do iniciante ao avançado, da melhor idade ao atleta profissional), há o Gracie Fit, um programa de treino funcional com movimentos de luta para o preparo físico.

O aluno que chega encontra toalhas limpas e seu kimono lavado e dobrado no vestiário, graças à comodidade proporcionada por nossa lavanderia — exatamente como na academia Gracie original.

De modo pioneiro, instituí aulas de Jiu-Jitsu em grupo para crianças a partir de dois anos. Mas com seis meses de idade os pequenos já podem começar nos tatames, com encontros que misturam jogos lúdicos e introdução ao Jiu-Jitsu. Temos horários durante o dia inteiro, de segunda a segunda, e desse modo as mães podem treinar enquanto deixam seus filhos e filhas se exercitando em outras salas. Nosso objetivo é atender às famílias com total comodidade, facilitando a vida dos praticantes.

Abrir a minha própria empresa me colocou em um ambiente novo, porque não se trata apenas de escolher um lugar, colocar um tatame e começar a dar aulas...

Há a gestão financeira; a gestão da parte burocrática; e a gestão de pessoas, que já mencionei anteriormente e sobre a qual reitero: cada um de seus colaboradores precisa ser motivado de uma forma específica — são indivíduos diferentes, com necessidades e desejos distintos.

Como você faz para que todos estejam engajados no mesmo propósito?

É um aprendizado para o gestor, que só se realiza na prática do dia a dia.

É claro que procurei fazer minha capacitação antes de abrir uma Pessoa Jurídica: além dos cursos de gestão, conversei muito com amigos empresários. Passei semanas em imersões dentro da empresa de cada um para entender como eles operavam e quais ferramentas eles utilizavam nos diversos setores de seus negócios.

Isso também foi algo que o Jiu-Jitsu me proporcionou: o acesso a pessoas influentes, que se dispuseram a me dar essas mentorias.

Tudo o que aprendia, trazia para dentro do meu espaço, adaptando os procedimentos às nossas dores e aos nossos objetivos.

Assim a Gracie Kore foi ganhando corpo e pôde realmente quebrar uma série de paradigmas.

Em primeiro lugar: a ideia de que "ninguém vai querer ter aulas com uma mulher" caiu por terra — hoje temos mais de setecentos alunos em uma das escolas de Jiu-Jitsu mais bem-sucedidas do mundo.

Em segundo lugar: a ideia de que academias de Jiu-Jitsu "não são ambientes para a família". Metade de nossos alunos são mulheres, que trazem suas crianças e seus maridos para praticar. Desenvolvi uma linha pedagógica especial para aulas de defesa pessoal femininas, e outra linha para o ensino de crianças, adolescentes e até bebês. Quando comecei a treinar nos anos 1990, eu era a única mulher nas aulas. Ver hoje minha academia com turmas lotadas compostas por mulheres e meninas é, definitivamente, uma grande vitória.

O que acontece é que, como em empresas de tecnologia, você tem que estar sempre inovando. Como empresária, estou atenta ao que há de mais novo não só no mercado, mas também no campo da psicologia, dos estudos comportamentais, da neurociência e das práticas terapêuticas.

Foi assim que criamos uma metodologia única no universo das academias.

Por exemplo: trabalhar com bebês de seis meses de idade era impensável até pouco tempo atrás; era inconcebível você dar aulas de Jiu-Jitsu para menores de seis anos, nenhum espaço atendia esse segmento...

Para isso tive que organizar uma equipe multidisciplinar, também algo único dentro do Jiu-Jitsu. Formamos um time muito consistente, composto por mestres e doutores, com conhecimento do que há de mais avançado em desenvolvimento humano.

Essa miríade de ferramentas convergiu nas aulas da Gracie Kore porque desde o início eu não ambicionava fundar apenas um espaço de Jiu-Jitsu bem-sucedido — minha meta era ser um exemplo diferenciado, que ampliasse as perspectivas do nosso esporte em direções até então inexploradas, para que outros espaços de Jiu-Jitsu pudessem seguir o nosso propósito, a nossa metodologia, a nossa maneira de agir.

Um Jiu-Jitsu com filosofia, com respeito, entendendo a responsabilidade ética do professor para com a diversidade de pessoas ali presentes.

Um Jiu-Jitsu para o bem, para a autoconfiança, para um estilo de vida saudável, sem arrogância, sem brigas de rua, sem o estereótipo que as pessoas esperam de um lutador...

Abrir a Gracie Kore acelerou meu coração do mesmo modo como acontecia no meu tempo de lutadora, porque abrir uma empresa e lutar para fazê-la prosperar é como buscar uma medalha de ouro.

E foi um investimento muito alto, com muita gente me dizendo que não dava para ganhar dinheiro com uma academia de Jiu-Jitsu no Brasil...

Me lembro de passar horas entregando panfletos em frente à Gracie Kore, convidando as pessoas para virem conhecer nossa academia, e tendo que lidar com uma grande ansiedade.

Definitivamente, abrir um negócio e se tornar seu próprio chefe exige coragem.

Como a Gracie Kore vai estar daqui a cinco anos?

A inovação não pode parar.

Neste momento estamos criando uma metodologia para pessoas acima de 60, 70, 80 anos, que poderão praticar o Jiu-Jitsu e usufruir de seus benefícios, desde que acompanhadas por uma equipe treinada especialmente para atender suas especificidades.

Com muito trabalho, pesquisa, planejamento e organização, estamos conseguindo fazer da Gracie Kore um trampolim para o crescimento do Jiu-Jitsu entre setores da população que viam o esporte com receio.

Isso acarreta responsabilidade: há pessoas que treinaram com meu bisavô e que agora trazem os netos à minha escola. É uma responsabilidade imensa não só com os alunos, mas perante o próprio Jiu-Jitsu e as gerações fundadoras da minha família.

As ferramentas que eu trouxe da luta foram decisivas no campo do empreendedorismo.

Por exemplo: a análise dos pontos fortes e fracos. Eu era muito boa em puxar para a guarda, mas tinha deficiências na parte de quedas. Busquei uma academia de Judô e fui me aprimorar nessa área, até conseguir um equilíbrio de eficiência tanto nas quedas quanto na guarda. Independentemente de como a luta se desenrolasse, de pé ou no chão, eu passei a me sentir confortável.

Faço o mesmo na empresa: o que estamos fazendo bem? E o que não está legal?

Onde podemos chegar?

Qual é o *gap* do mercado?

O que as pessoas querem no Jiu-Jitsu que não encontram?

E como podemos resolver esse problema?

Porque, mesmo após alcançar o sucesso, uma empresária não pode relaxar. O motor da reinvenção precisa estar a todo vapor permanentemente, pois qualquer desaceleração custará sua posição. Tudo muda o tempo todo, e você e sua empresa precisam estar atentas para acompanhar — e até antever — essas mudanças.

Para finalizar, um conselho que devemos ter sempre em mente: seja qual for a área em que pretende empreender, aja como se você fosse fazer a diferença na vida das pessoas.

Porque desse modo, não tenha dúvidas: você fará.

*"Você tem que aprender
a levantar-se da mesa
quando o amor não estiver
mais sendo servido."*

Nina Simone, cantora e compositora afro-americana

CAPÍTULO 4

O amor é uma decisão

Nós escolhemos os nossos parceiros. Desse modo, tenha em mente que o amor é uma decisão — uma decisão sua, e de mais ninguém.

Sigmund Freud afirmava que escolher um parceiro é escolher um destino. Portanto, a escolha do companheiro com quem você vai seguir ao longo da vida, amalgamando duas existências em um só projeto, é uma decisão crucial.

Antes de desenvolver um sentimento mais profundo, você sentirá uma atração inicial, relacionada a algum aspecto físico ou intelectual do parceiro. Essa primeira atração também pode estar relacionada ao caráter — algo cativante no jeito do seu escolhido, um charme especial que vai te levar a uma aproximação.

Você vai começar a conhecê-lo melhor. E nessa fase vai perceber certos sinais: se esse homem é um indivíduo com tendências abusivas; se ele tem vícios e comportamentos compulsivos; como ele trata você, tanto em âmbito particular quanto publicamente. Você terá acesso a um conjunto de características, até finalmente se sentir confortável o bastante para criar (ou não) o sentimento do amor.

Nesse período inicial, homens que têm um comportamento agressivo vão dar alguns sinais. Por mais que tentem disfarçar para lhe vender uma imagem sedutora, o caráter vai se revelar em pequenos e repetitivos padrões.

O mais importante é não procurar desculpas para justificá-los: "Ele está estressado por causa do trabalho"; "Hoje ele bebeu demais"; "Está só se exibindo para os amigos"; "Quando estamos sozinhos ele não é assim"; "Com o tempo tenho certeza de que ele vai mudar..."

Temos que estar muito atentas a esses alertas quando entramos em um relacionamento. Demorei para aprender — ao longo da vida passei por cima de vários sinais e acabei me vendo em situações complicadas. Cheguei a ser intimidada, chantageada, menosprezada, ameaçada e agredida — psicológica e fisicamente.

Tive namorados que me colocavam para baixo; que se sentiam ofendidos se eu tivesse sucesso em alguma empreitada; que me ameaçavam se eu dissesse que queria terminar — e, se não desse certo, me chantageavam ameaçando a si mesmos ("Se você terminar comigo eu vou me matar").

Um namorado que me dizia, com um sorriso irônico, que minha profissão nunca daria dinheiro; que afirmava que várias mulheres lindas queriam ficar com ele, mas que ainda assim ele estava ali comigo, me suportando, e que por isso deveria me sentir agradecida; que se eu continuasse agindo de determinada maneira ia me abandonar e arrumar outra muito melhor que eu...

Tive um namorado que segurava o meu braço se eu dissesse algo que o desagradasse; que me imprensava contra a parede impedindo que eu me afastasse; que me sacudia assim que ficávamos a sós, gritando e xingando como se tivesse o direito natural de fazer isso.

Aprendi a normalizar essas atitudes misóginas. Esta é a armadilha clássica: um homem te minando o tempo todo e você, aos poucos, entrando nesse jogo. O relacionamento se transforma em um espaço de tensão, de angústia, de medo... Como se aquele que devia ser seu melhor amigo tivesse se tornado o seu carcereiro.

E começa o velho ciclo vicioso: briga, termina, volta em lua de mel; briga, termina, volta em lua de mel; briga, termina, volta...

Um relacionamento problemático afeta a nossa saúde emocional de modo devastador, e aí você não consegue focar mais nada... Sua vida fica fora de controle, girando em torno de recorrentes episódios traumáticos.

Quando uma mulher se torna prisioneira de um relacionamento assim, sua vida se esfarela. E ela se sente impotente, incapaz de evitar a catástrofe que é o desperdício de sua única e preciosa existência. Sua campeã interior se esconde e ela fica dominada por seus medos.

Nada pode ser mais cafona do que um homem que se autodenomina *macho alfa*; que se orgulha de trair a mulher que lhe quer bem; que se vangloria de quantas desconhecidas levou para cama...

Homens assim são fracos.

E amar, decididamente, é para os fortes.

Homens fracos são, paradoxalmente, orgulhosos. Um indivíduo com essa característica vai passar a vida sem amar ninguém. Porque amar é um aprendizado e o orgulho não permite que ele aprenda nada.

Amor e vaidade são opostos que se excluem: onde há amor não pode haver vaidade; e onde a vaidade impera, o amor não consegue florescer.

Lembro que tinha um namorado controlador. Em sua cabeça, minha vida pertencia a ele. E aos poucos ele forçou uma situação na qual eu precisava pedir permissão para fazer qualquer coisa.

Uma vez, por causa de alguma bobagem em uma festa, ele saiu do carro e bateu a porta com tanta força que o vidro da janela estilhaçou. Naquela noite me senti tão constrangida e magoada, com o coração tão apertado, que passei a madrugada acordada...

De manhã tive a clareza para dizer a mim mesma: "Eu não posso mais ter esse tipo de relacionamento, não quero mais isso, não é o que busco para a minha vida, esse padrão se encerra agora!"

Mas, ao refletir e observar os relacionamentos ao meu redor, tive dificuldades para encontrar relações em que pudesse me espelhar...

Minhas amigas e parentes viviam em constante tensão amorosa — presas em relacionamentos nos quais não podiam ser elas mesmas, com medo do que seus parceiros iriam pensar, temendo novas discussões por causa de uma simples roupa, frase ou atitude... Quando um namoro assim se estabelece, você deixa de ser você mesma e perde a única coisa que não podemos jamais perder: nossa individualidade.

Comecei a idealizar qual tipo de pessoa eu queria ao meu lado. Para que essa idealização criasse uma imagem nítida em minha mente, comecei a escrever, a formalizar no papel como eu seria feliz e o que buscava na minha vida em termos afetivos. E comecei a entender primeiro quais eram os meus erros e o que eu não permitiria que se repetisse.

Anotei:

não permito que gritem comigo;

não permito qualquer tipo de grosseria;

não permito que me encostem com violência;

não permito que me coloquem para baixo.

Tracei um mapa do caminho que queria trilhar. E iniciei o trabalho no meu interior, para que eu desenvolvesse controle emocional e fixasse uma posição assertiva. Saber me posicionar de modo firme, mas sem ser grosseira, para não escalar as situações. Estabelecer meus limites sem autoritarismo, mas com total clareza.

Tais medidas foram me capacitando para um relacionamento saudável, porque desse momento em diante, quando um detalhe saía do controle — como uma voz que sobe o tom aqui ou uma grosseria ali —, eu já estava preparada: "Vem cá, vamos conversar, porque eu não quero esse tipo de relacionamento, eu não vou ter uma relação problemática, tóxica, abusiva. Para você estar comigo, esse tipo de atitude não pode se repetir."

Quando você coloca os seus limites, a chance de algo ruim acontecer diminui bastante. Agora, se após colocar limites com assertividade, o parceiro os ultrapassa uma, duas, três vezes, e ainda assim você não toma uma atitude... Aí o erro é seu. Ter a coragem e a clareza de falar é o primeiro passo; mas é fundamental que haja consequências quando você é deliberadamente desrespeitada.

Toda ação traz consequências.

Se a ação é positiva, o resultado será a construção de uma intimidade cada vez mais profunda.

Se a ação é negativa, o resultado será a destruição da sua entrega afetiva.

Para cortar o mal pela raiz, o processo de autoconhecimento é incontornável. Você precisa amar a si mesma, mas precisa também ter a coragem de olhar no espelho e examinar-se minuciosamente.

Eu também estava errando?

Será que alguma atitude minha estava conduzindo a relação para esse lugar de violência?

Me policiei e me vigio até hoje nesse sentido, porque nós mulheres também temos um machismo estrutural introjetado por anos de criação, observação e repetição de padrões do nosso meio social.

Essa introjeção ocorre principalmente por meio de "piadas" e "brincadeiras". Lembro que ouvia quando ainda era criança: "Minha mulher está ficando velha, já passou dos trinta, vou trocar por uma novinha." Um dos meus tios, um cara muito legal em diversos aspectos, costumava repetir sem pudor um "ditado" que me deixava horrorizada, por ser uma das coisas mais boçais que já escutei: "Homens envelhecem, mulheres apodrecem." Dizia isso na frente de todos e esperava que sorríssemos em retribuição...

Outra piadinha recorrente: "Mulheres são todas interesseiras."

Ou: "Homens traem porque é da natureza masculina..."

Após ouvir bobagens assim por toda a infância e adolescência, proferidas de modo irresponsável por amigos e familiares, é preciso analisar em que medida você mesma passou a acreditar inconscientemente nessas ideias carregadas de machismo e de estupidez.

Não são "apenas" piadas.

Não são "brincadeiras" inofensivas.

Depois que entendi isso, passei a não permitir que tais agressões veladas fossem ditas na minha presença.

Um relacionamento saudável é uma parceria — um levanta o outro e ambos erguem a bandeira daquele amor.

Trazendo um pouquinho para o meu casamento: nunca brigamos? Claro que já tivemos discussões, sérias divergências.

Já dormimos um no quarto e o outro na sala.

Já fiquei dois dias sem falar com ele.

Mas então a gente para e dialoga, e cuidamos para não deixar o conflito escalar. Se um dos dois sai do tom, o outro já chama a atenção para não errarmos: "Olha, assim eu não converso", e nos afastamos, vamos para outro lugar. Damos um tempo para os ânimos se acalmarem e a cabeça esfriar.

Quando falamos em um relacionamento saudável, não podemos criar a ilusão de que se trata de um convívio harmonioso o tempo todo. Somos seres humanos falíveis, com visões de mundo distintas. Em qualquer relacionamento, seja com seu amor ou com suas amigas; com seus funcionários, com seus pais ou com seus filhos; em todos os casos vai haver divergências, e nesses momentos você tem que se perguntar o quanto você quer aquilo, o quanto está disposta a se entender com aquela pessoa, tendo em vista um propósito maior.

Outro ponto extremamente relevante: os papéis de mestre e discípulo precisam se alternar continuamente durante os anos de relacionamento. Às vezes você é a mestra que ensina; às vezes é a discípula que aprende. Assim o equilíbrio prevalece.

Quando a figura do mestre e a figura do discípulo ficam estacionárias, o casamento tende a acabar. Por isso é crucial permanecer sempre aprendendo com o outro, e ensinando ao outro também.

Para ter o que ensinar, você precisa alimentar-se: ter suas vivências individuais, em espaços que sejam só seus, para poder trazer novas informações para a relação, nutrindo o casamento com sabedorias inéditas, humores insuspeitados, outros assuntos, novos aprendizados.

Pois nenhum casamento se alimenta de si mesmo. Um sistema fechado tende a entrar em entropia e terminar em falência.

Deixe o ar circular, quebre os hábitos, varie as rotinas. O esforço compensa. Cultivar o relacionamento é uma prioridade para uma vida campeã.

Plante coisas boas para depois colher: é como se você fosse depositando o *dinheirinho* numa espécie de *banco emocional*. O *dinheirinho*, nesse caso, significa sair para jantar; tirar um fim de semana para viajarem a sós; chegar do trabalho e encontrar a comida pronta; dar as mãos enquanto caminham ou conversam; um presente inesperado...

Pequenas situações, cuidados, surpresas: depósitos no *banco emocional*. Porque se você chega em casa e só ouve reclamações, ninguém ajuda ninguém, a situação chega a um ponto em que não dá para aguentar...

É preciso paciência e autoconhecimento para entender que às vezes é melhor ficar quieta, relaxar, não dizer nada e esperar para falar no dia seguinte, quando os dois estarão mais calmos.

Estratégia. Como nas lutas.

O casamento requer o entendimento dessas nuances — colocar limites para o outro e para si mesma; saber a hora de conversar e a hora de se afastar; o momento de aprender e o momento de ensinar.

Respeito, no tatame e na vida, é a chave. Porque, assim como você tem seus limites, o outro também tem.

Limites, necessidades, desejos — são duas pessoas com criações completamente diferentes, culturas distintas, sonhos e metas específicos...

E então essas duas criaturas se veem dividindo o mesmo espaço, dormindo na mesma cama, tendo filhos e sendo obrigadas a equacionar o modo de educar suas crianças.

Sem respeito pelas múltiplas diferenças, a coisa toda se torna inviável. É preciso aceitar as individualidades — vocês não são e nunca serão o mesmo ser — e ainda assim procurar as semelhanças nessas diferenças, isto é: o que os aproxima, o que os une, o que os amalgama em um projeto de vida.

Não meça o outro com a sua régua, pois o que para você não tem importância pode ser fundamental na visão de mundo do seu parceiro. O respeito nasce da capacidade de sairmos da nossa bolha egocêntrica e nos colocarmos no lugar do outro.

Meu marido se chama Malvino Salvador, ator de teatro, cinema e televisão, praticante apaixonado de boxe e Jiu-Jitsu. O vi pela primeira vez em um restaurante e me senti fortemente atraída por ele. Me disseram que ele era ator e depois disso passei a vê-lo sempre na TV, estrelando novelas.

Escrevi em meu *Caderno dos Sonhos* que iríamos nos casar. E procurei criar as circunstâncias que me permitiriam conhecê-lo melhor, para checar se minha intuição estava, ou não, me conduzindo em direção à felicidade.

Primeiro eu pedi a um ex-padrasto, que também era ator, que ligasse para ele (eles eram amigos) e contasse sobre o meu interesse.

Depois descobri que Malvino iria estar em uma festa, e foi quando a oportunidade de encontrá-lo pessoalmente surgiu.

Não é que eu estivesse "obcecada" por ele — apenas sentia que ele tinha tudo a ver comigo.

Tomei a decisão de criar as circunstâncias que tornaram nosso primeiro encontro possível. Se não desse certo, seguiria minha vida sem frustrações. Não estava depositando todas as esperanças de felicidade naquele homem — mas também não estava sendo leviana. Meu interesse era sério, e precisava pagar para ver.

É claro que, se ao vivo ele não fosse o cara legal que aparentava ser, a atração acabaria ali mesmo e eu continuaria a trilhar (sem jamais desistir!) a imprevisível jornada à procura do amor.

Dizer "eu te amo" é um ato de coragem.

E amar é um exercício diário.

Hoje, eu e Malvino somos pais de três filhos: Ayra, Kyara e Rayan. E também somos sócios na Gracie Kore, academia de Jiu-Jitsu que construímos e administramos juntos.

É senso comum dizer que, quando um casal trabalha em sociedade, o segredo para manter o relacionamento é não levar assuntos da empresa para casa.

Mas não há como seguir esse conselho: você vai misturar tudo, pelo menos a princípio. Vai resolver diversos problemas da empresa em casa, vai trazer para a mesa de jantar as questões do escritório... E haverá momentos em que estará estressada e terá que policiar-se para perceber se a mistura entre amor e trabalho não está passando dos limites e pondo em risco a saúde afetiva e sexual de vocês.

Ao longo dos anos, errei várias vezes nesse campo — chegava em casa falando de trabalho e não conseguia desligar.

Para aproveitar o que um casamento tem de melhor, que é a intimidade amorosa, você precisa estar relaxada; trazer o estresse do dia a dia para o único lugar de encontro afetivo profundo, que é a sua família, é decididamente ruim em termos humanos, e improdutivo em termos de *business*.

Aprendi sendo empresária: Ok, há um problema gigante na companhia.

Dá para resolver às 22h?

Dá para resolver durante o jantar com as crianças?

Não dá. Portanto, relaxe.

Curta o jantar, converse com seus filhos sobre assuntos curiosos; assista a um filme com seu marido; distraia sua mente, recarregue suas forças.

No dia seguinte você voltará ao escritório renovada, enfim preparada para construir as melhores soluções.

Um ponto crucial sobre esse tema: a sociedade entre um casal tem que estar plenamente alinhada no aspecto jurídico.

É costumeiro que, na mistura de casamento e sociedade empresarial, não se estabeleça no papel qual o percentual de cada um; não se determine no Contrato Social o que acontecerá se um dos sócios tiver que sair; não se defina as funções, poderes e deveres dos proprietários...

Quando um casamento começa, nosso desejo é que dure para sempre.

Mas todas sabemos que a vida pode ter outros planos... Você precisa separar as coisas e fazer um contrato normativo relativo à sociedade, ignorando que seu sócio é também, naquele momento, o seu marido.

Porque se há uma separação, ou se um dos dois quiser sair do negócio por qualquer razão, a falta de clareza contratual irá se tornar um problema gigantesco, que vai exigir advogados, juízes, tribunais...

Organizar a sociedade com frieza desde o início é essencial, inclusive para assegurar a saúde psicológica do relacionamento.

Ao mesmo tempo em que trabalhar com seu amor traz questões a serem elaboradas, há um lado muito bom: vocês estão o tempo inteiro trocando ideias, informações, *insights*.

Eu e Malvino passamos horas *viajando* prazerosamente: "Olha que legal isso aqui que estão fazendo nesta academia na Califórnia, como é que a gente pode implementar essa ideia na nossa empresa?"; "Escuta a frase linda desse mestre, vamos fazer um cartaz com ela para colocar na academia?"; "Vou ler pra você um trecho deste artigo sobre neurociência, podemos trabalhar esse conceito nas aulas".

Como meu marido tem formação tanto em Artes quanto em Economia, a gente está sempre trocando ideias apaixonadamente sobre inovações que gostaríamos de trazer para a Gracie Kore.

Às vezes eu tenho uma dúvida sobre gestão financeira; ou ele sobre uma técnica pedagógica; e conversamos a respeito com entusiasmo: "Quais são as etapas para que isto aconteça?"; "Como faremos este aspecto evoluir?"; "O que você acha desta solução que encontrei?".

Ele traz ideias, nós as desenvolvemos, e isso é mais um fator de aproximação e cumplicidade entre nós.

Em junho de 2024, Malvino será graduado faixa-preta de Jiu-Jitsu por mim. Uma mulher graduar um homem é algo muito significativo no mundo das Artes Marciais. E, antes do meu marido, eu já havia graduado meu sobrinho Rayron, campeão mundial de Jiu-Jitsu e único representante da família nas competições nos dias de hoje — um marco importante, haja vista ter sido o primeiro Gracie graduado com a faixa preta por uma mulher.

Sim, as coisas podem mudar para melhor, mas para isso padrões precisam ser quebrados.

O amor está diretamente ligado à felicidade.

Se você liga o amor a relacionamentos abusivos, à infelicidade, à angústia e ao medo, precisa entender quais padrões está reproduzindo, mesmo que inconscientemente. Porque é a falta de autoconhecimento que não lhe permite aceitar-se, entregar-se e gozar a felicidade.

Quando você entende quem você é, quando entende a campeã que existe dentro de você, com suas qualidades e seus pontos fortes, se liberta de amarras castradoras e começa a se dar valor.

E, a partir do momento em que se dá valor, você está apta a tomar a decisão mais importante de sua vida.

A decisão de permitir-se ser feliz.

Amando e sendo amada.

*"Precisamos encorajar
mais mulheres a se atreverem
a mudar o mundo."*

Chimamanda Ngozi, escritora nigeriana

CAPÍTULO 5

Despertando campeãs

Toda mulher tem uma campeã dentro de si.

Mas ao longo da minha trajetória como professora de Jiu-Jitsu, instrutora de defesa pessoal e palestrante motivacional, percebi que na maioria de nós a campeã está adormecida, e é preciso trabalhar uma série de pontos para que haja um pleno despertar. Então, vamos cutucar essa campeã que existe aí!

Uma das questões primárias que impedem o florescimento de nossa campeã interior é a armadilha mental da comparação.

Nunca se compare com outra mulher — porque sua mente sabotadora sempre vai encontrar alguém mais bonita, mais rica, mais famosa, mais bem-sucedida...

A energia que você dispende se comparando é uma energia gasta contra você mesma.

Comparar não lhe fará construir nada de bom em sua vida e ainda vai fazê-la sentir-se miserável, não importa o que ou o quanto você conquiste.

O que faz de você uma mulher bonita e inteligente é sentir-se confortável com você mesma. Estar à vontade em seu corpo é o que lhe torna sensual e atraente. Quando você se sente confortável consigo mesma, pode se dedicar à grande tarefa de construir seus projetos, impactando positivamente as vidas daqueles que estão ao seu redor. Uma mulher insegura, independentemente de qualquer beleza padronizada ou dos bens que possua, será sempre uma mulher que não se permite ser feliz. A insegurança atravessa a alma e se mostra através dos olhos. E toda insegurança vem da comparação.

A mania da comparação é introjetada em nós desde pequenas... Para quebrar esse círculo vicioso, tenho trabalhado com minhas filhas de forma muito atenta. Nunca digo para elas: "Filha, você é a mais inteligente da escola", ou: "Você é a mais bonita da festa." Eu as elogio sem compará-las — parabenizo por uma nota boa no colégio, por uma redação escrita com zelo e sensibilidade, por terem se arrumado com esmero e estarem lindas para alguma ocasião especial, mas jamais as comparo com outras meninas.

Porque a comparação é a mãe de outro sentimento terrivelmente destruidor: a inveja. A mulher que compara acaba invejando, e então você se torna uma pessoa que, diante de suas amigas, as examina de alto a baixo: "O que ela está usando? Essa roupa é mais bonita que a minha? Esse colar é mais caro que o meu? Que maquiagem é essa? As pessoas estão reparando mais nela do que em mim?"

Você deixa de aproveitar a vida para se medir permanentemente com as outras... E vai se transformando em uma criatura apequenada, mesquinha, isolada em seu ego.

É preciso entender: cada uma de nós tem seu propósito, suas escolhas, seu momento.

Eu preciso me ocupar com o que posso fazer por mim, e me preocupar demasiadamente com os defeitos e qualidades alheios só me afasta do meu próprio caminho. Os outros são os outros; foque em você.

Trazer o foco para dentro da gente é o que produz autoconhecimento e autocuidado. E é apenas por meio do autoconhecimento e do autocuidado que conseguimos entregar ao mundo uma versão mais elegante — e sobretudo mais positivamente relevante — de nós mesmas.

Vibrar pelo sucesso de outras mulheres é parte da beleza de estarmos vivas. Ficar feliz quando uma amiga faz sucesso, quando alguém perto de você conquista êxito em um projeto; sentir-se feliz coletivamente, e não ensimesmada com o pensamento autodestrutivo: "Podia ter sido eu..."

Tem lugar para todas nós!

Quando você para de soterrar-se na energia pesada de se comparar com as outras, afasta de si uma carga de negatividade e frustração que, provavelmente, vem lhe bloqueando desde a infância.

Elogiar outras mulheres é um exercício importante. Elogiar genuinamente faz um bem imenso para todas as envolvidas.

Por outro lado, vejo que há muita dificuldade entre as minhas alunas em receber elogios.

Você chega para uma pessoa e diz: "Nossa, há quanto tempo eu não te vejo, você está linda!", e a resposta automática é: "Que nada, se você me visse debaixo dessa maquiagem..."

Ou: "Minha amiga, que empresa incrível você criou!"; "Parece boa, mas você não sabe dos nossos problemas, estamos quase quebrando..."

A maioria das mulheres perdem um tempo precioso sabotando a si mesmas. E esse também é um sintoma da cultura machista em que ainda vivemos.

Aceite o elogio. Aceite que você é bonita, que você é capaz, que consegue fazer as coisas acontecerem.

Permita-se sentir-se bem com sua aparência. Permita-se sentir-se orgulhosa do que você está construindo, com trabalho consistente e dedicação abnegada.

Permita-se enxergar a beleza singular de ser quem você é.

Parece uma coisa pequena, mas aceitar um elogio é o início de uma grande mudança de percepção, ligada à autoconfiança.

Uma mulher autoconfiante é uma campeã.

E sua presença exala essa autoconfiança.

É por isso que uma campeã tem postura.

Mente e corpo se espelham, e uma alteração em sua postura física irá alterar sua atitude mental. Experimente o exercício de postura a seguir e perceba você mesma:

A humanidade tem mais de cinco mil anos de história registrada.

Quantas ancestrais já caminharam por este planeta, e quanta sabedoria nos deixaram...

Não podemos desperdiçar uma herança tão vasta, e recorrer a antigos conhecimentos pode nos ajudar a ampliar nossa perspectiva contemporânea. Em nossa época de superficialidade de valores e inconstância de princípios, talvez haja informações fundamentais a serem resgatadas do passado.

Desde quando meus bisavôs Carlos e Hélio começaram a dar aulas de Jiu-Jitsu há quase cem anos, havia um boletim para que os alunos mudassem de faixa. Hoje, na maioria das academias, o único critério para que uma pessoa conquiste faixas mais avançadas é a habilidade no domínio das técnicas de luta, assim como sua classificação em campeonatos. Mas, para meus bisavôs, o Jiu-Jitsu era compreendido como algo que ia muito além do tatame... O que eles analisavam em um aprendiz era a totalidade de seu comportamento como ser humano.

No boletim dessa escola inaugural havia itens como:
Coragem, Prestimosidade, Tolerância;
Simplicidade, Veracidade, Respeito;
Honestidade, Sensatez, Imparcialidade, Educação — e as notas nesses quesitos tinham o mesmo peso daquelas conquistadas no campo específico da luta.

Para tornar-se um faixa-preta era preciso ser um mestre na vida, e não apenas um lutador habilidoso...

Pois Carlos e Hélio sabiam: o Jiu-Jitsu traz poder, e o poder traz responsabilidades.

Na Gracie Kore, sintetizei esses parâmetros utilizando o Bushidô, código de conduta dos antigos samurais. Em japonês, Bushidô significa "caminho do guerreiro". Meus bisavôs falavam sobre isso em suas aulas, e os irmãos Valente, discípulos que aprenderam diretamente com os Gracie fundadores, resumiram esses ensinamentos no que chamamos de Código 7-5-3.

O Código 7-5-3 é dividido em três áreas e traduz a filosofia do Jiu-Jitsu:

As 7 Virtudes do Guerreiro (ESPÍRITO)

As 5 Chaves da Saúde (CORPO)

Os 3 Estados Psíquicos (MENTE)

7 VIRTUDES ESPIRITUAIS

RETIDÃO. Siga seu caminho em linha reta, focando sua energia, sem desvios ou distrações.

CORAGEM. Firmeza para enfrentar situações difíceis e agir vencendo o medo.

BENEVOLÊNCIA. Boa vontade com os que se aproximam de você; agir com bondade tanto com conhecidos quanto com desconhecidos.

RESPEITO. A consideração por todas as criaturas nasce da compreensão do valor imensurável de tudo o que vive.

HONESTIDADE. Qualidade cada vez mais rara em nossos dias, a honestidade é a única base sobre a qual alguém pode se tornar um ser humano digno. Não mentir, não trair, não manipular — não há como a amizade, o amor ou a paz de espírito florescerem sem honestidade.

HONRA. Se sua palavra é uma só, então você é uma pessoa honrada.

LEALDADE. Designa alguém em quem é possível confiar plenamente, pois assume suas responsabilidades, cumpre suas obrigações e não falha com aqueles que o ajudaram.

5 FERRAMENTAS PARA A SAÚDE DO CORPO

EXERCÍCIOS REGULARES.

ALIMENTAÇÃO BALANCEADA.

REPOUSO, DORMIR BEM, DESCANSAR SEM CULPA.

HIGIENE.

POSITIVIDADE. Carlos Gracie afirmava: "Pensar somente no melhor, trabalhar unicamente pelo melhor e esperar sempre o melhor." Essa é a perfeita definição de positividade, transmitida há quatro gerações por nossos mestres.

(As outras ferramentas mencionadas nessa área são autoexplicativas, e fazer uso delas só trará benefícios holísticos para a saúde de uma guerreira, construindo um corpo preparado para o bom combate.)

3 ESTADOS DA MENTE

ATENÇÃO. Manter a mente ativa, alerta a tudo o que está ocorrendo ao seu redor. Com a prática do Jiu-Jitsu a aprendiz naturalmente desenvolve a habilidade de antever situações, desenvolvendo agilidade no tempo de reação aos desafios.

EQUILÍBRIO. Relacionado diretamente ao autocontrole. O Jiu-Jitsu lhe ensina a manter as emoções sob suas rédeas, sem deixar-se dominar pelo medo e pela ansiedade.

FLUIDEZ. Como disse Bruce Lee: "Seja como a água. Se você coloca a água em um copo, ela se tornará o copo. Se você coloca a água em uma garrafa, ela se tornará a garrafa." A água é uma metáfora da fluidez, que se relaciona com a nossa capacidade de adaptação a diferentes circunstâncias. Para ter fluidez, você precisa manter a mente aberta e a permanente disposição para aprender e se transformar.

Retorno sempre ao Código 7-5-3 para verificar se estou fazendo jus a todos os seus itens.

Trata-se de um *checklist* para a vida, e estar trabalhando para corresponder em suas três áreas é um dever diário de todas nós, guerreiras modernas.

Uma guerreira é alguém que não se intimida com as opiniões alheias e com regras injustamente estabelecidas. Uma campeã levanta bandeiras que vão favorecer não só a ela, mas à coletividade das mulheres. Isso significa ter a coragem de marcar seu território — e até redesenhar o terreno inteiro, se for preciso.

Criei o kimono rosa no início dos anos 2000. Não era uma questão de moda: o kimono que tingi sozinha em casa e com o qual apareci na academia, para espanto dos meus companheiros de treino, era uma bandeira — cujo objetivo era chamar a atenção para as mulheres dentro do Jiu-Jitsu; mostrar aos outros atletas: "Reparem, cavalheiros: existem mulheres neste espaço. E vocês têm que nos respeitar!"

Na época, foi uma ação puramente intuitiva. E lembro que, após a surpresa inicial, o meu simples kimono tingido de rosa começou a causar profundo desagrado nos homens que frequentavam a mesma academia que eu. Eles podiam escolher kimonos de várias cores: pretos, azuis, brancos, verdes... Mas um kimono cor-de-rosa naquele espaço? Era insuportável! Afinal, aquele era um ambiente de "macho, porra"!

O preconceito daqueles camaradas não me demoveu. Exerci uma resistência pacífica, sem discussões, mas trazendo diariamente minha mensagem visual para o tatame.

E aos poucos o kimono rosa virou um sucesso: minha invenção (simples, mas radicalmente significativa) foi adotada em vários países, não foi só no Jiu-Jitsu, mas também em outras Artes Marciais, como Karatê, Taekwondo e Judô.

O kimono rosa tem que ser entendido no contexto em que o criei. Porque é claro que uma mulher pode usar a cor que ela quiser, e o rosa não é mais, hoje em dia, a cor de identificação da feminilidade.

Mas, na época em que tingi em casa o meu kimono e fui para a academia, tratava-se de uma marcação de território, uma afirmação icônica de que a academia de Jiu-Jitsu era, sim, um lugar para nós, mulheres.

A mensagem visual surtiu efeito, tanto que passou a ser copiada por lutadoras do mundo inteiro, que também se sentiam rejeitadas no ambiente masculinizado das Artes Marciais.

O kimono rosa foi uma declaração pública de que estávamos e ficaríamos ali — por mais que a maioria dos homens não quisesse.

Isto posto, há um ponto que preciso deixar claro: minhas medalhas não me definem.

Tenho orgulho delas e foi uma honra conquistá-las, vencendo corajosas adversárias — mas meu potencial ainda está em pleno desenvolvimento.

Pois o que é uma vida campeã?

No meu entendimento, eis a melhor definição: uma existência em equilíbrio.

E os três elementos que compõem esta equação são: você; seu trabalho; e sua família.

Se você dedica todo o seu tempo e a sua energia para si mesma e negligencia o seu trabalho, vai acabar sentindo-se em falta com a contribuição que poderia dar para a construção de um mundo melhor.

Se o seu trabalho lhe consome a ponto de não conseguir dar atenção a sua família, fatalmente vai se arrepender e sentir falta dos momentos que perdeu com o passar dos anos.

E, se a família e o trabalho lhe impedem de cuidar de si mesma, nunca conseguirá sentir-se realmente bem e confortável em seu próprio corpo.

O equilíbrio entre estes três elementos (família; trabalho; você) é a chave para uma vida campeã — e uma vida campeã traz, como recompensa, o maior de todos os prêmios: a plenitude.

Cuide de você mesma por meio da prática de esportes, do aprendizado permanente e de uma alimentação saudável; dê atenção a sua família, fomentando o amor a seu companheiro e aos seus filhos; e dedique parte de sua energia ao seu trabalho, mantendo sua independência financeira aliada ao propósito maior de ajudar ao próximo.

Essa é a maior vitória que um ser humano pode almejar. E, se você conquista essa harmonia, pode bater no peito e gritar: "Eu sou uma campeã!"

Porque o conceito de "campeã" não significa ser "a melhor do mundo"...

Significa despertar esta chama que existe em cada uma de nós, e que nos impulsiona a buscarmos ser melhores naquilo que nos propomos a fazer — entendendo que a vida e a felicidade estão no equilíbrio.

Em 2023 eu criei o Instituto Gracie Kore, que tem como um de seus principais objetivos ajudar meninas e mulheres em situação de vulnerabilidade social a encontrarem a campeã que existe em cada uma delas.

A missão de nossa ONG, além de criar eventos esportivos e trabalhar para a promoção do Jiu-Jitsu, é contribuir para a construção de um mundo mais seguro para as mulheres, com melhores oportunidades de crescimento pessoal e profissional.

Nesse sentido, iniciamos nossas atividades com duas ações: o *Projeto Campeãs* e o *Team Kyra*.

O *Projeto Campeãs* consiste em uma série de imersões que faremos em comunidades carentes do Rio de Janeiro. Eu e minha equipe de instrutoras passaremos uma semana em cada comunidade, visando ensinar noções básicas de defesa pessoal para centenas de mulheres moradoras desses locais.

As aulas de defesa pessoal utilizarão as técnicas do *Brazilian Jiu-Jitsu*, desenvolvidas e difundidas mundialmente pela minha família.

São princípios básicos para evitar situações de agressão; identificar um potencial agressor; impedir que um confronto verbal escale para a violência física; prever e anular qualquer aproximação do agressor; e defender-se em caso de agressão efetiva.

Além da apresentação desses princípios, que tem como foco principal a preservação da integridade física da mulher, todas as participantes passarão pela experiência de manutenção do controle mental e emocional em situações adversas, além do desenvolvimento da autoconfiança.

O projeto também inclui palestras em escolas. Este é um ponto crucial: não adianta falarmos só para as mulheres, precisamos falar para os homens também! Precisamos mostrar aos garotos que práticas passadas de geração em geração não estão corretas e devem ser corrigidas, pois causam imenso sofrimento às mulheres.

Os homens precisam despertar e perceber, desde jovens, o quanto o machismo é danoso. Com o apoio deles para a nossa causa, poderemos interromper a perpetuação de padrões que vêm se repetindo há séculos em nossa cultura. Homens conscientizados são imprescindíveis para o empoderamento feminino — e os frutos desse movimento serão colhidos por toda a sociedade.

O *Team Kyra* será formado por um grupo de vinte jovens (dez homens e dez mulheres, entre 16 e 21 anos), selecionados entre praticantes de Jiu-Jitsu de comunidades carentes e projetos sociais, que serão treinados por mim pelo período de um ano, com o objetivo de transformá-los em um time de atletas de excelência.

Esse time irá participar de campeonatos municipais, estaduais e nacionais.

Além disso, os vinte jovens receberão uma formação como professores de Jiu-Jitsu, aprendendo as técnicas e os princípios pedagógicos, morais e filosóficos da família Gracie.

Nosso desejo é que o Team Kyra se estabeleça como um projeto esportivo e social de grande relevância, que dará aos vinte jovens selecionados a oportunidade de tornarem-se campeões e campeãs de Jiu-Jitsu, e de capacitarem-se profissionalmente como professores, transformando realmente suas vidas por meio do esporte.

A equipe do Instituto também está trabalhando no desenvolvimento de uma linha de brinquedos infantis: são dois jogos de cartas, com os quais as crianças poderão brincar em grupos, na escola ou em casa.

Um dos jogos tem uma temática antibullying; e o outro propõe situações ligadas ao empoderamento das meninas.

Esses jogos têm como objetivo estabelecer novos padrões na mente dos pequenos, possibilitando perspectivas distintas daquelas que reproduzem e normalizam a violência.

Se você vem de uma família que tem relacionamentos problemáticos, as gerações vão repetindo, repetindo, repetindo uma cultura de opressão — até alguém se conscientizar e ganhar forças para romper aquele padrão comportamental. Você precisa entender que, independentemente do que a sua família fez ou deixou de fazer, o poder de traçar seu próprio destino estará sempre em suas mãos.

Quando uma mulher não se acha merecedora de nada é porque a campeã que existe nela está totalmente soterrada. A campeã foi soterrada por situações que aquela mulher viveu — geralmente em sua infância. Um parente disse ou fez algo traumático, e a menina, sem condições de defender-se, acreditou nas humilhações e nas falácias proferidas pelo adulto. E então ela vai carregando aquele peso ao longo de sua vida...

Dá para melhorar esse quadro?

Sim, 100%!

Mas é preciso trabalho e paciência. Não há como pular etapas: é um processo de recondicionamento, de evolução gradual. De pouquinho em pouquinho você vai trabalhando sua coragem; de pouquinho em pouquinho você vai trabalhando o respeito próprio; de pouquinho em pouquinho você vai trabalhando falar assertivamente; de pouquinho em pouquinho você vai aprendendo a libertar-se de comportamentos arraigados em sua mente.

E então finalmente aprenderá a dizer "sim" e a dizer "não", segundo sua própria e exclusiva vontade.

É difícil?

Sim.

Mas é possível.

E é necessário.

Ou você vai sofrer a vida inteira?

Uma mulher que não se acha merecedora de nada vai suportar humilhações sem revoltar-se. A chance de ter um relacionamento abusivo é muito grande, porque inconscientemente ela procura reviver o que fizeram com ela na infância — haja vista que essa é a única referência de relacionamento afetivo que ela conheceu.

Por isso, investir tempo, cuidado e amor na criação de nossos filhos é fundamental: uma criança que foi estimulada a desenvolver a autoconfiança não vai permitir maus-tratos quando adulta.

Duas tarefas interessantes para propor a uma criança, visando despertar sua mentalidade campeã:

1. Dê a ela uma missão. Mas precisa ser uma missão difícil de ser cumprida, e que demande tempo e trabalho para sua conclusão.

Deixe claro que desistir não será uma opção.

Por exemplo: aprender a tocar um instrumento musical.

Pergunte a ela se é isso o que ela quer — se a resposta for afirmativa, você fará um contrato com a criança, no qual ela se compromete a fazer aulas e dedicar-se ao estudo do instrumento por um ano, com disciplina e seriedade.

Ao final desse período, ela vai compreender a importância de não desistir até alcançar um objetivo.

Vai compreender que a aquisição e o domínio de uma nova habilidade levam tempo e exigem esforço.

E que o resultado de sua dedicação é maravilhosamente compensador!

2. Coloque a criança em um esporte.

Nada traz mais autoconfiança do que praticar e competir em uma atividade esportiva, seja ela coletiva ou individual. Engajar-se e testar-se em uma quadra ou tatame é uma atividade que gera, por si mesma, autocontrole e autoestima.

Certa vez eu fui cumprimentar uma aluna que havia ficado em segundo lugar em um campeonato.

Quando lhe dei os parabéns, ela se virou para mim e disse:

"Não, mestra... Eu não mereço parabéns porque não fui campeã."

Respirei fundo, olhei em seus olhos e respondi:

"Você venceu, sim.

Venceu milhares de meninas que neste momento estão em casa assistindo televisão...

Venceu as crianças que preferiram dormir até tarde do que acordar cedo e ir treinar, como você fez nos últimos meses.

E o mais importante: você venceu quem você era ontem — porque hoje as suas habilidades estão mais aprimoradas, e você é uma lutadora muito melhor do que a menina que entrou na minha academia um ano atrás."

Portanto, minha amiga, feche os olhos e se pergunte:

"Eu sou hoje uma versão melhor do eu era no passado?"

Se a resposta for sim, então você ganhou a medalha mais linda, triunfou na batalha mais importante...

Conquistou a vitória sobre si mesma.

E sagrou-se campeã de seu destino.

Crédito das fotos e ilustrações

Todos os esforços foram feitos para identificar corretamente a origem das imagens deste livro. Nem sempre foi possível. Teremos prazer em creditar as fontes, caso se manifestem, nas próximas edições.

Imagem 1: Utagawa Kuniyoshi, 1880. Imperatriz Jingu pisando na Coreia.

Imagem 2: Adashi Ginkō, 1888. Gojū kogō no tsubone gojūni tomoegozen. Tomoe Gozen, uma samurai, e outro guerreiro, possivelmente Yoshinaka, a cavalo.

Imagem 3: Autor desconhecido, 1870. Foto de uma atriz ou gueixa se passando por Nakano Takeko, a famosa guerreira samurai (Onna-musha) do Domínio de Aizu.

Imagem 4: © Mary Evans Picture Library, 6 de julho de 1910. Se você quiser ganhar tempo, derrube um policial.

TikTok: @kyragraciegk

Instagram: @kyragracie

Facebook: Kyra Gracie

YouTube: @graciekyra

Página oficial: www.graciekore.com.br

Direção editorial
Daniele Cajueiro

Editora responsável
Janaina Senna

Produção editorial
Adriana Torres
Júlia Ribeiro
Mariana Lucena

Copidesque
Fernanda Lufti

Pesquisa de imagens
Priscila Serejo

Revisão
Daniel Dargains
Juliana Borel

Projeto gráfico de miolo
e diagramação
Douglas Kenji Watanabe

Este livro foi impresso em 2024, pela Reproset, para a Agir.
O papel do miolo é avena 80g/m² e o da capa é cartão 250g/m².